Hazana

Hazana

Recetas vegetarianas de origen judío

PAOLA GAVIN

FOTOGRAFÍA MOWIE KAY
ILUSTRACIONES LIZ CATCHPOLE

Dedicado a Alfred y a Tilly

Introducción	6
Fiestas y festividades judías	8
La historia y la cultura judías	14
ENTRANTES Y ENSALADAS	34
SOPAS	58
PASTA Y DUMPLINGS	84
CEREALES	108
SEGUNDOS PLATOS	132
HUEVOS	162
VERDURAS	182
POSTRES	216
Índice alfabético	250

«Quien ha alimentado a un desconocido puede haber alimentado a un ángel.»

Talmud

Durante sus dos mil años de exilio, los judíos migraron a todo el mundo y llevaron consigo su tradición culinaria y sus costumbres. Allá donde iban, adaptaban los platos locales y regionales a sus estrictas leyes dietéticas y, como resultado, la cocina judía actual abarca una enorme variedad de cocinas y de estilos culinarios. Este libro es una colección personal de platos judíos vegetarianos procedentes de todo el mundo. Las recetas que he elegido han pasado de madres a hijas durante generaciones y son sencillas, rápidas de preparar y saludables.

El concepto de vegetarianismo en la alimentación judía se remonta a los días del jardín del Edén: las leyes judías tradicionales prohibían matar animales, del mismo modo que prohibían matar a personas. En el judaísmo se cree, al igual que en el hinduismo, que comer carne intensifica la naturaleza animal del ser humano y los judíos tienen prohibido comer cualquier tipo de carne «en la que siga corriendo la sangre», porque se cree que esta contiene el alma, las emociones y el instinto del animal.

La dieta de los antiguos israelitas nómadas era predominantemente vegetariana. Ovejas, cabras y vacas eran demasiado valiosas debido a su producción láctea como para sacrificarse por su carne, por lo que el ganado se sacrificaba sobre todo en prácticas rituales. Cuando los hebreos huyeron a Egipto, adoptaron hábitos de alimentación nuevos: los egipcios les enseñaron el arte de elaborar pan con levadura y les transmitieron rápidamente su amor por los pepinos, los melones, los puerros, la cebolla y el ajo.

Cuando llegaron a Tierra Santa, los judíos se convirtieron en agricultores y cultivaron trigo, cebada, centeno y mijo. La base de la comida de los más pobres era el pan, las legumbres y las leguminosas (sobre todo lentejas, habas y altramuces), el queso de oveja y de cabra, las olivas y el aceite de oliva, los frutos secos, las verduras, las hierbas aromáticas, y la fruta fresca y deshidratada. La comida solía endulzarse o bien con miel, o bien con sirope de higo, algarroba o dátiles. En aquella época, Jericó era famosa por sus dátiles y se la conocía como «la ciudad de las palmeras».

La comunidad esenia era estrictamente vegetariana. Era una secta judía mayoritariamente masculina que existió en el siglo II a.C. y que apareció como reacción ante la rigidez de la religión judía imperante. El término «esenio» procede del hebreo *esau*, que significa «ser fuerte», y es muy posible que se tratara de una referencia a la fortaleza de mente, la renuncia a las comodidades materiales y la represión del deseo sexual. Se cree que san Juan Bautista era esenio y hay quien cree que Jesús pasó algunos de sus primeros años con esta comunidad.

En el mundo hay cuatro comunidades judías principales. Los mizrajíes, u orientales, cuyos antepasados procedían de Oriente Medio y Próximo, Afganistán, Uzbekistán e India; los asquenazíes, que se asentaron en Renania tras la diáspora y luego migraron a través de Europa oriental a Rusia y Ucrania; los sefardíes, o judíos españoles, que se asentaron en el Mediterráneo después de su expulsión; y los italkim, los judíos italianos que llegaron a Italia como esclavos del emperador romano Tito, tras la destrucción del Segundo Templo de Jerusalén.

Sin embargo, las intensas relaciones comerciales y conexiones culturales que mantienen entre ellas han llevado a que sus distintas cocinas compartan muchas características. Por ejemplo, los fuertes vínculos existentes entre los judíos de Túnez y los de Livorno (Italia) se ven reflejados en su gastronomía. El *cùscussu* italiano tiene un evidente origen norafricano, mientras que el tunecino *boka di dama* (bizcocho de almendras) tiene claras raíces italianas.

En última instancia, la cocina judía consiste en alimentos preparados según las leyes del Kashrut (preceptos de la alimentación judía), que prohíben el consumo de carne y de lácteos en una misma comida. En los hogares judíos ortodoxos, se usan platos, utensilios de cocina, cazos y sartenes distintos para la carne y para los lácteos. No se pueden consumir productos lácteos hasta que haya pasado un periodo de tiempo determinado desde la última ingesta de carne. En función de la tradición local, el lapso puede ir de las dos a las seis horas. Los alimentos neutros, como el pan, la fruta, la verdura y los huevos sin fecundar, se pueden consumir tanto con carne como con lácteos.

La investigación para este libro me ha ofrecido la fantástica oportunidad de descubrir la historia y la tradición culinaria no solo de mi propia familia (cuyos orígenes están en Polonia y en Bielorrusia), sino también de recorrer la historia y las tradiciones culinarias de judíos de todos los rincones del mundo. Si hay algo que todos nosotros compartimos es el amor por la comida y por la cocina, que están en el mismo centro de la vida judía.

Fiestas y festividades judías

EL SABBAT
Sabbat

El sabbat es un día de descanso semanal que comienza el viernes justo antes del atardecer y finaliza el sábado por la noche, con la aparición de las tres primeras estrellas en el cielo. Durante el sabbat está prohibido el trabajo de cualquier tipo. «Trabajo» incluye treinta y nueve acciones, que van desde encender un fuego hasta cocinar, hornear pan o responder el teléfono. El sabbat siempre comienza con el encendido de velas, antes de pronunciar las bendiciones, primero sobre vino y luego sobre un jalá (pan trenzado y enriquecido con huevo) que, tradicionalmente, está cubierto con un paño blanco.

Como la comida que se consume durante el sabbat se ha de preparar, o al menos cocinar parcialmente, antes del atardecer del viernes, se desarrollaron maneras ingeniosas de cumplir con este precepto. Se inventaron estofados y guisos que se cocinaban a fuego muy lento durante toda la noche, como el *dafina* sefardí o el *cholent* asquenazí. Otros platos de sabbat muy conocidos son el *borscht* (sopa de remolacha), el *krupnik* (sopa de setas y cebada) y los *kugels* (pasteles dulces y salados) asquenazíes; y los *huevos haminados* (huevos cocidos muy lentamente) y *borekas*, *bulemas*, *pastels* y *filas* (pastelitos de queso o de verduras) sefardíes. Los judíos italianos suelen preparar verduras, caponata o sopa minestrone.

EL AÑO NUEVO
Rosh Hashaná

El Rosh Hashaná cae hacia finales de septiembre o principios de octubre (los dos primeros días de Tishréi, el séptimo mes hebreo) y marca el inicio de los Diez días de Arrepentimiento que finalizan con el Día del Perdón (Yom Kippur). Los judíos creen que en el cielo hay un Libro de la Vida, donde quedan registrados todos nuestros pensamientos, palabras y obras. Durante los días de arrepentimiento, se estudia este libro y se decide el destino de cada uno para el año próximo.

Algunos de los alimentos tradicionales durante el Rosh Hashaná son las judías carillas, los puerros, las hojas de remolacha, las calabazas y los dátiles. Se suele comer jalá o una rodaja de manzana untada en miel y pronunciar una oración para pedir un Año Nuevo dulce. A veces se sirven granadas, ya que sus abundantes semillas simbolizan las buenas obras de los años venideros. A los asquenazíes también les gusta servir *tsimmes* (un guiso dulce) de zanahoria, como símbolo de buena suerte, *kugels*, *lekach* (bizcocho de miel) y *teiglach* (pastitas anudadas cocinadas en miel). Los judíos sefardíes prefieren los pilafs de arroz, los almodrotes (gratinados) y pastas empapadas en sirope de azúcar. En Año Nuevo no se sirve nada afilado ni amargo, ni tampoco nada de color negro, por su asociación al duelo.

EL DÍA DEL PERDÓN
Yom Kippur

El Yom Kippur es el día más solemne y sagrado del año y es un día de ayuno y de introspección. La postrera comida antes del ayuno se sirve a última hora de la tarde de la vigilia y no incluye nada salado, ya que ayunar es muy difícil si se tiene sed. En Egipto suelen empezar esta comida con una sopa de huevo y de limón. Los asquenazíes suelen preparar un caldo con *knaydlaj* (bolas de *matzá*) o *kreplach* (pasta rellena). En el mundo sefardí, el ayuno se rompe con una bebida fría a base de almendras, pipas de melón, cerezas ácidas o granadina (un sirope de granada), seguida de una comida ligera a base de lácteos que puede incluir *borekas* o *sambusek* (empanadillas de espinacas y queso). Los asquenazíes preparan *keiglach* y pasteles de frutas. Los judíos sefardíes prefieren pilafs de arroz, almodrotes y pastitas empapadas de miel, como *tishpishti*, travados, *sansathicos* y *baklavas*. Los judíos sirios rompen el ayuno con tortillas de calabacín y queso blanco, ensalada de tomate, olivas y fruta fresca.

FIESTA DE LOS TABERNÁCULOS
Sucot

El Sucot empieza cinco días después del Yom Kippur y dura siete u ocho días. El *sukkōt* es una cabaña, o tabernáculo, y simboliza las cabañas en las que los judíos tuvieron que vivir durante los cuarenta años de peregrinación por el desierto tras el Éxodo de Egipto. Para celebrarlo, construyen cabañas temporales en la calle y las decoran con las ramas de cuatro plantas simbólicas: cidra, sauce, palma y mirto. Las ramas de los techos quedan separadas, para permitir ver las estrellas y, durante la festividad, se suele comer en las cabañas.

La Simjat Torá (literalmente, «el regocijo de la Torá») es el último día del Sucot y marca el fin de la lectura anual del Pentateuco. El Sucot también recibe el nombre de Festival de la cosecha y las comidas incluyen siempre una amplia variedad de fruta y de verdura, además de dulces y pastas preparados con frutos secos, manzanas, membrillo, calabaza o uvas. Los judíos asquenazíes suelen preparar calabaza rellena o pastel de calabaza, mientas que los judíos italianos preparan una amplia variedad de sopas de verduras y de verduras gratinadas. Las comunidades sefardíes de Marruecos suelen preparar cuscús con verduras o sopas de judías.

FIESTA DE LAS LUMINARIAS

Janucá

La Janucá cae hacia mediados de diciembre (el día 25 del mes judío Kislev) y se prolonga durante ocho días. Celebra la libertad y la valentía y conmemora la purificación del Templo de Jerusalén tras la victoria del alzamiento de los macabeos contra los griegos seléucidas el año 165 a.C. Cuando los macabeos entraron en el templo profanado, descubrieron que solo quedaba aceite sagrado para encender la menorá (candelabro de siete brazos) durante un día, pero, milagrosamente, el aceite duró los ochos días que tardaron en traer más. Desde entonces, la Janucá se celebra encendiendo velas en casa, empezando con una y añadiendo otra cada noche hasta que se han encendido ocho. Debido al milagro del aceite, la Janucá se asocia a comida frita, como los *latkes* (tortitas de patata) asquenazíes o las *fritikas* (buñuelos dulces o salados) sefardíes. Los sefardíes del norte de África suelen preparar *chackchouka* (verduras fritas con huevos) y *sfenj*, *yalebi* y yoyos (pastelitos fritos y empapados en sirope de azúcar).

LA FIESTA DE LOS ÁRBOLES

Tu Bishvat

El Tu Bishvat es una fiesta menor en el calendario hebreo y cae hacia finales de enero o principios de febrero (el día 15 del mes hebreo de Shevat), cuando en Israel aparecen los primeros brotes nuevos en los árboles. Los judíos sefardíes también lo llaman Las Fruticas, o Fiesta de las frutas, ya que durante las festividades se consumen frutas y frutos secos de todo tipo. Algunas familias sirven hasta treinta frutas distintas. Tradicionalmente, se sirven cuatro copas de vino con la cena: la primera es de vino blanco; la segunda contiene vino blanco mezclado con un poco de vino tinto; la tercera vino blanco y tinto a partes iguales, y la cuarta vino tinto con un poco de vino blanco. Cada copa viene acompañada de pan, con frutas y frutos secos servidos en el orden siguiente: olivas, dátiles, uvas, higos, granada, limón, manzana, nueces, almendras, algarrobas y peras.

LA FIESTA DE SUERTES

Purim

El Purim se celebra a mediados de marzo (el día 14 del mes hebreo de Adar) y dura dos días. Conmemora la victoria de la reina Esther de Persia sobre el primer ministro Amán, que había ordenado la ejecución de todos los judíos. El Purim se suele celebrar con desfiles, procesiones y obras de teatro improvisadas. Es la única festividad del año hebreo en que emborracharse es un mitzvá, o mandamiento. El Purim siempre se ha celebrado con comida vegetariana: la reina Esther lo fue mientras vivió en su palacio de Persia, ya que la comida allí no era kosher. Los judíos iraníes suelen preparar un *kuku* (tortilla) o *shirin polo* (arroz dulce), mientras que los judíos argelinos sirven *couscous au beurre* (cuscús con mantequilla y habas). Tradicionalmente, también se preparan todo tipo de pastelitos dulces, sobre todo los *hamantaschen* (literalmente, «bolsillos de Amán») asquenazíes, que son unos pastelitos triangulares rellenos de semillas de amapola, uvas pasas o mermelada de ciruela; y los *diblas* u orejas de Amán sefardíes, unos pastelitos rellenos de frutos secos y empapados de sirope de azúcar. Los judíos italianos suelen preparar raviolis de queso o de espinacas y *buricche*, unas empanadillas dulces o saladas.

PASCUA JUDÍA

Pésaj

La Pascua judía empieza en marzo o en abril (el día 14 del mes hebreo de Nisan) y dura siete u ocho días, durante los que se celebra la liberación del pueblo hebreo de la esclavitud en Egipto. Para marcar el hecho de que los judíos huyeron con tanta prisa que no tuvieron tiempo para dejar leudar el pan, está prohibido comer cualquier alimento con levadura (*jametz*) o con agentes de fermentación, como cereales que pueden fermentar (el trigo, el centeno, la cebada, la avena y la espelta). Las casas se limpian de arriba abajo en preparación de la Pascua y todos los utensilios de cocina, los cubiertos y las vajillas se guardan y se sustituyen por otros nuevos que se reservan exclusivamente para esta festividad.

Se preparan platos especiales para la comida ritual, o Séder, que se sirve las dos primeras noches de la Pascua: los huevos asados o hervidos simbolizan el sacrificio y el renacimiento; y las *maror* (hierbas amargas) aliñadas con sal o vinagre simbolizan la amargura de la esclavitud. El *jaroset* (pasta de fruta seca y frutos secos) simboliza el barro con el que los judíos construían los ladrillos durante su esclavitud en Egipto y, por supuesto, la matzá, un pan ácimo, recuerda que el pan no pudo leudar antes de la huida.

Las estrictas restricciones dietéticas que rigen durante la Pascua han dado lugar a una gran variedad de platos preparados con harina de matzá, de patata y de arroz. Los judíos de Turquía preparan unas deliciosas tortillas asadas y gratenes de patata, puerro, berenjena y calabacín, acelga o calabaza. Se preparan todo tipo de postres y de pasteles con almendras, nueces o avellanas molidas, como los *chremslachk* o *bubeleh* (tortitas de matzá) de Europa oriental, los *scodelline* (natillas de almendra), los *nusstorten* (tartas de frutos secos) de Alemania y de Austria o los *koopeta* (frutos secos caramelizados) de Grecia.

FIESTA DE LAS SEMANAS
Shavuot

La Shavuot se celebra a finales de mayo o a principios de junio (el día 6 del mes hebreo de Siván) y coincide con Pentecostés, que significa «quincuagésimo» en griego. Marca el momento en que Moisés recibió los Diez Mandamientos en el monte Sinaí y también es un festival de la cosecha que celebra la maduración de la primera fruta en los árboles de Israel. Tradicionalmente se sirve un plato a base de lácteos, seguido de mucha fruta fresca. También se suele servir comida blanca, como el arroz o la harina de maíz, como símbolo de pureza. Algunos de los platos que se preparan para la Shavuot incluyen los *blintzes* (tortas rellenas) de queso asquenazíes; los *sambusak* (empanadillas) de queso y los *kalsonnes* (pasta rellena) sirios; los *borekas*, *boyos* y *filas* (pastitas saladas) sefardíes y el *couscous au beurre* (cuscús con mantequilla y habas) argelino.

Tisha b'Av

Esta festividad menor del calendario hebreo se celebra a mediados de julio o principios de agosto (el día 9 del mes hebreo de Av). Conmemora la destrucción del Primer Templo de Jerusalén el año 586 a.C. y la del Segundo Templo el año 70. Las tres semanas que preceden al Tisha b'Av son un periodo de luto que los judíos asquenazíes suelen llamar *schwarzen wochen* (semanas negras) y durante el que no se pueden celebrar bodas ni ninguna otra fiesta y tampoco estrenar ropa nueva. Durante este periodo, los judíos practicantes también se abstienen de comer carne y de beber vino, excepto en el sabbat. Se preparan platos vegetarianos o a base de lácteos y, sobre todo, platos con lentejas (por su asociación tradicional al luto), como la *harira* (sopa de lentejas y arroz) marroquí, la *mudajjara* (lentejas y arroz con cebolla caramelizada) siria o las *lentejas a la djiudia* (lentejas verdes estofadas con cebolla y tomate) griega.

La historia y la cultura judías

La comida judía está íntimamente relacionada con la historia y la cultura de los países en los que lo judíos se asentaron antes y después de la diáspora. Aunque se trata de un tema muy amplio, tanto en términos geográficos como temporales, en estas páginas ofreceré un breve esbozo de la historia judía y de su tradición culinaria en una selección de países del Viejo Mundo.

Alemania

Durante el reinado de Carlomagno en el siglo VIII, gran cantidad de judíos se asentaron en Alemania, sobre todo en pequeñas ciudades y pueblos a orillas del Rin. Debido a sus estrictas leyes dietéticas, muchos de ellos se dedicaron al comercio de alimentos.

Algunos se convirtieron en panaderos y en ganaderos (criaban vacas y aves, sobre todo gansos); otros elaboraban queso o vendían encurtidos y conservas; y unos pocos producían su propio vino.

Cuando llegaron las cruzadas, muchos judíos también se dedicaban al comercio e importaban azúcar, especias y frutos y frutas secas de Oriente. También abundaban los artesanos, como hilanderos, tejedores o joyeros. Sin embargo, las cruzadas trajeron consigo la persecución y restricciones: los judíos ya no podían poseer tierras y muchos perdieron el derecho a comerciar, por lo que se vieron obligados a convertirse en vendedores ambulantes de ropa usada o en prestamistas. Con la llegada de la peste negra en 1349, muchos cayeron en la pobreza y huyeron a Polonia y a Europa oriental.

A finales del siglo XVI, muchos de los judíos que se habían quedado se vieron obligados a vivir en guetos llamados *Judengasse* (barrios judíos o juderías), cada uno de los cuales contaba con su propia sinagoga, matadero, cementerio, casa de baños, panadería y *tenzhaus* (literalmente, «salón de baile»), que también se usaba para las bodas y ocasiones especiales.

En el siglo XVII, cuando gran parte del Imperio germánico se fragmentó en principados, los judíos adquirieron importancia como judíos de corte, ya que los gobernantes de la mayoría de estos territorios contrataron a asistentes judíos que administraban sus finanzas, pertrechaban al ejército y proporcionaban a la corte piedras preciosas y telas lujosas. De todos modos, la situación no mejoró para la mayoría de la población judía hasta el siglo XVIII, cuando la industrialización les ofreció oportunidades nuevas para poner en práctica su experiencia empresarial. Algunas familias, como los Rothschild, amasaron grandes fortunas. En 1871, los judíos se emanciparon de los guetos y muchos desempeñaron papeles importantes en los círculos intelectuales, científicos y artísticos. A pesar de todo, una nueva oleada de antisemitismo en la década de 1881 hizo que miles de ellos emigraran a Estados Unidos.

La cocina judía alemana es pesada y contundente y está repleta de pasteles dulces y salados y de sopas reconfortantes, muchas veces preparadas con lentejas, arvejas partidas o judías, y servidas con albóndigas, fideos o pasta frita. Las verduras predominantes son la remolacha, la col y sobre todo las patatas, que se transforman en pasteles de patata (*kartoffel kugeln*), tortas de patata (*latkes*) y croquetas de patata (*bilka*). Los pepinillos se suelen escabechar con eneldo. Las tartas y pasteles tradicionales incluyen el pastel de miel (*lekach*) para el Rosh Hashaná; pan de almendras horneado dos veces (*mandelbrot*), pastelitos dulces rellenos de semillas de amapola (*hamantaschen*) y galletas especiadas con pimienta negra (*pfeffernüsse*) para el Purim. Tradicionalmente, el ayuno del Yom Kippur se rompe con pastel de ciruelas (*pflaumenkuchen*).

Austria

Hace casi mil años que los judíos viven en Austria y, en los siglos XIII y XIV, Viena contaba con una de las comunidades judías más grandes y más importantes de Europa, hasta que empezaron a sufrir una serie de persecuciones y de expulsiones que se prolongaron durante más de doscientos años.

Sin embargo, a finales del siglo XVII, un pequeño grupo de banqueros y de comerciantes ricos se hicieron importantes y obtuvieron un estatus especial como *hofjuden* («judíos de corte»), que ayudaban a financiar la corte y el ejército. Algunas familias judías tenían incluso su propio escudo de armas.

Gradualmente, el espíritu de la Ilustración se fue extendiendo por Europa y la vida de toda la comunidad judía empezó a mejorar. En 1781, el emperador José II del Sacro Imperio Romano Germánico promulgó la Patente de Tolerancia, que dio a los judíos acceso al comercio y a la industria. Ya no tenían que llevar insignias ni sombreros especiales y sus hijos podían asistir a las escuelas y universidades del estado. Sin embargo, se vieron obligados a adoptar nombres alemanes y se limitó el uso del yiddish y del hebreo, en un intento vano de asimilarlos.

Los judíos no lograron la igualdad de derechos hasta mediados del siglo XIX. Para algunos fue un periodo convulso y confuso, porque dejaron sus pequeñas ciudades y pueblos en busca de nuevas oportunidades en las grandes ciudades. Aunque muchos eran pobres o pertenecían a la clase trabajadora, muchos otros se lanzaron al mundo de los negocios, la industria del transporte, las profesiones liberales y el arte. A principios del siglo XX, Viena se había convertido en un imán para la vida intelectual y cultural judía: era el hogar de Arnold Schonberg, Gustav Mahler, Stefan Zweig, Theodore Herzl (el fundador del sionismo), Sigmund Freud y Oscar Kokoschka, por mencionar solo unos cuantos. Muchos de los banqueros, médicos y abogados de la ciudad eran judíos, al igual que numerosos editores y periodistas y la mayoría del Partido Socialista Austriaco. Al mismo tiempo, el antisemitismo se había ido generalizando y en el periodo de entreguerras la situación se deterioró rápidamente, hasta el punto de que miles de judíos abandonaron el país antes de 1938.

La cocina judía austriaca se compone de platos asquenazíes clásicos, con muchas sopas contundentes, con frecuencia servidas con fideos (*nudeln*), pasta frita (*mandeln*) o albóndigas de distintos tipos (*knodeln*). También demuestra una clara predilección por las patatas, la col y el chucrut. Se elaboran todo tipo de suflés y tortas (*palatschinken*) dulces y salados, además de platos de pasta, como espagueti con requesón (*nudeln mit topfen*) o con semillas de amapola (*mohnnudeln*). En el sabbat se suelen servir postres y compotas de fruta. Por supuesto, Viena es famosa por sus fantásticas tartas, pastelitos, *strudels* y *torten* (tartas de distintas capas que suelen comerse durante el día, con un café o un chocolate caliente). Durante la Pascua judía se suelen servir bizcocho de avellana (*nusstorte*) y galletas de jengibre (*ingerlakh*).

Egipto

En Egipto ha habido comunidades judías desde la antigüedad: tras la destrucción del Primer Templo en 586 a.C., muchos judíos se asentaron en Alejandría y en el valle del Nilo, y en el siglo I d.C. ya había más de un millón de judíos en Egipto.

Tras la conquista árabe en el siglo VIII, los judíos, a quienes se consideraba *dhimmis* o «gente del libro», recibieron un trato mejor del que habían recibido jamás por parte de los cristianos romanos. De todos modos, aún estaban obligados a vivir en guetos, pagar impuestos muy elevados y soportar muchas otras restricciones. En esa época, la mayoría de judíos eran comerciantes, artesanos, plateros, orfebres, vendedores ambulantes y cambistas de moneda.

La expulsión de los judíos de España y de Portugal en el siglo XVI llevó una oleada de refugiados a Alejandría, donde las habilidades y la experiencia de los sefardíes fueron muy bien recibidas. El siglo XIX trajo otro influjo de inmigrantes judíos procedentes de Siria, Grecia, Turquía y los Balcanes, sobre todo tras la inauguración del canal de Suez en 1869 y la llegada del gobierno colonial británico en 1882. Las cosmopolitas ciudades de Alejandría y El Cairo y la economía en rápida expansión atrajeron también a muchos judíos europeos, fundamentalmente profesionales con niveles formativos elevados, comerciantes ricos y banqueros, que recibieron el nombre de *haute Juiverie* (alta judería) a medida que iban ascendiendo hasta los escalafones más elevados de la sociedad egipcia. A pesar de todo, la mayoría de judíos abandonaron el país tras la guerra del Sinaí de 1956.

La cocina judía egipcia refleja la diversidad cultural de la comunidad judía, con muchos platos sefardíes procedentes de los Balcanes y de Siria. La cocina se basa en frutas y verduras frescas, frutos secos y semillas, legumbres y cereales (especialmente arroz y bulgur) y una pequeña cantidad de productos lácteos. Abundan las verduras rellenas (*dolma*) y tortillas gruesas llamadas *eggah* y tanto los egipcios como los judíos disfrutan del *koshary*, un plato de lentejas, arroz y macarrones. Algunos de los platos del sabbat son las judías estofadas (*ful medames*) acompañadas de huevos cocidos con pieles de cebolla a fuego muy lento durante toda la noche (*beid hamine*) y pastas saladas, normalmente rellenas de queso o de espinacas (*sambusak*, *filas* y *borekitas*). Las pastitas dulces rellenas de frutos secos y empapadas de sirope (especialmente *baklavas* y *konafas*) son tradicionales en la celebración de nacimientos, circuncisiones y otras ocasiones festivas. El ayuno del Yom Kippur se suele romper con *masmousa*, un pan dulce.

España y Portugal

Tras la destrucción del Primer Templo en 586 a.C., muchos judíos se trasladaron a España, sobre todo alrededor de Córdoba, en el sur. Antes de la conquista árabe el año 711, los judíos habían sufrido más de cien años de persecución a manos de los visigodos.

Sin embargo, bajo el gobierno musulmán, muchos ascendieron hasta ocupar cargos importantes como funcionarios del gobierno, abogados, médicos, banqueros y filósofos. Los mercaderes, encuadernadores y sastres judíos también prosperaron y algunos judíos poseían viñedos y olivares. Aparecieron rápidamente comunidades judías en las ciudades importantes de Al-Ándalus, que en su punto álgido comprendía la mayoría de lo que hoy son España y Portugal. Los judíos se convirtieron en una parte integral de la sociedad musulmana, hablaban árabe y adoptaron la vestimenta árabe. Sin embargo, la situación empezó a cambiar en el siglo XI: fue la época de la Reconquista cristiana y, a principios del siglo XIII, toda España, excepto Granada, estaba bajo control cristiano. Lo que quedaba de Al-Ándalus aún se hallaba gobernado por los bereberes, que intentaron obligar a los judíos a convertirse al islam. Esto hizo que muchos huyeran al norte de España y de lo que ahora es Portugal. Al principio los trataron bien, pero eso cambió a finales del siglo XIV, cuando airadas turbas cristianas destruyeron las juderías de Sevilla, Barcelona, Córdoba y Toledo. Miles de judíos fueron asesinados y otros muchos huyeron. Otros, que fueron obligados a convertirse al cristianismo, pero siguieron practicando el judaísmo en secreto, recibieron el nombre de conversos o marranos (porque se los obligaba a comer cerdo para demostrar que no obedecían las leyes dietéticas judías).

Finalmente, en 1492, los Reyes Católicos ordenaron la expulsión de todos los judíos tanto de España como de las colonias españolas en el sur de Italia, Sicilia, Cerdeña, Provenza y el Nuevo Mundo. La mayoría huyó a Grecia y a Turquía y algunos a Holanda, Francia, Italia y el norte de África. Otros, en su mayoría conversos, consiguieron subir a bordo de barcos con los conquistadores. Muchos acabaron en México y Brasil y los hubo que llegaron a Perú.

Como casi todos los judíos españoles huyeron al Imperio otomano tras su expulsión, la cocina tradicional sefardí está más representada en la cocina judía de Grecia y de Turquía que en la española, con una diferencia importante: la exclusión de alimentos del Nuevo Mundo, como los tomates, los pimientos, el maíz, las patatas, los chiles, las calabazas, las judías y el chocolate.

De todos modos, existen algunos registros antiguos de platos judíos en España, sobre todo en actas de los tribunales de la Inquisición y en recetarios antiguos, como el *Llibre de Coch* del maestro Robert, el primer libro impreso en catalán (1520). Al igual que en la mayoría de países mediterráneos, la dieta se basaba en el trigo, las olivas y el vino. En el siglo VIII, los árabes introdujeron una amplia variedad de alimentos nuevos en la península ibérica, sobre todo arroz, azúcar, naranjas, alcaparras, alcachofas y berenjenas, además de todo tipo de especias, como el azafrán, el jengibre, el comino, la canela o el cardamomo. Los guisos y los estofados (a los que llamaban «ollas») se preparaban con huevos y queso, los huevos duros se asaban durante toda la noche sobre brasas encendidas (huevos asados o huevos haminados) y para el sabbat se solían preparar ollas de garbanzos o de garbanzos y espinacas (*hamin de berzas*). Las verduras, y especialmente las cebollas, se servían habitualmente con almodrote, una salsa a base de queso, yemas de huevo duro, migas de pan, ajo, aceite de oliva y caldo vegetal, según el *Llibre de Coch*. Aunque los postres solían consistir en fruta fresca, a los judíos españoles también les gustaban las frutas confitadas y las golosinas elaboradas con frutos secos molidos, especialmente higos secos rellenos de almendras o de nueces (*empanadas de igos*). También preparaban una amplia variedad de dulces fritos y empapados en miel, como buñuelos y rosquillas.

Francia

En Francia ha habido asentamientos judíos desde los días del Imperio romano, cuando la mayoría vivían en Masillia (Marsella). En Tolosa (Toulouse), Burdigalia (Burdeos) y el norte había comunidades más pequeñas.

Bajo el reinado de Carlomagno, en el siglo VIII, muchos judíos se asentaron en el valle del Ródano y en Champaña, que entonces era famosa por sus ferias comerciales. En la época, la mayoría de judíos eran mercaderes, comerciantes, viticultores, queseros y panaderos. Sin embargo, las cruzadas trajeron consigo una persecución cada vez mayor y muchos huyeron a Alsacia-Lorena, entonces parte del Sacro Imperio Romano Germánico. En 1394 se obligó a abandonar el país a todos los judíos, excepto a los que vivían en los enclaves de Aviñón y del Condado Venesino, que estaban gobernados por el papa. Aunque estas comunidades eran asquenazíes, tras su expulsión de España en 1492 muchos sefardíes se asentaron en Burdeos, Bayona y Nantes, al oeste, y en Toulouse, Montpellier y Marsella, al sur. De todos modos, la mayoría de judíos seguía viviendo en Alsacia y Lorena, que en el siglo XVII pasaron a formar parte de Francia. En 1791, tras la Revolución francesa, los judíos obtuvieron la plena igualdad con la Declaración de los derechos del hombre y del ciudadano de Napoleón.

A principios del siglo XX llegó otra oleada de inmigrantes judíos, sobre todo de Europa oriental, que no tardaron en superar en número a las antiguas comunidades judías de Alsacia y Lorena. En la década de 1960 hubo un influjo de judíos africanos, procedentes de los antiguos territorios franceses de Marruecos, Argelia y Túnez, y que son mayoría en la comunidad judía actual.

La influencia de la cocina judía en la gastronomía de Alsacia y Lorena se evidencia en la multitud de platos locales preparados *à la juive* («al estilo judío»). También hay una fuerte influencia alemana, con una preferencia marcada por los fideos (*frimsels*) y distintos tipos de albóndigas, sobre todo de patata servidas con mantequilla fundida y queso rallado (*knepfle*). Las verduras más populares son las patatas y la col, que suelen prepararse *ziss-sauer* al estilo judío, con azúcar, canela y vinagre. El arroz con ciruelas y uvas pasas (*reizfloimes*) es un plato habitual durante el sabbat, al igual que una gruesa tarta de manzana llamada *apfel shalet* o *chalet à la juive*. Las pastas de hojaldre son deliciosas, como las cremosas quiches de cebolla y queso o las tartas de fruta elaboradas con cerezas, manzanas, albaricoques y ciruelas mirabel.

Los judíos de Marruecos, Argelia y Túnez también han ejercido un impacto importante sobre la cocina francesa moderna: en los barrios judíos de París y de Marsella abundan los restaurantes y colmados norteafricanos que venden cuscús, *tajines* y guisos exóticos o múltiples pastitas dulces rellenas de pasta de almendra y empapadas en sirope.

Hungría

Los judíos llegaron a Hungría en tiempos del Imperio romano, cuando el territorio formaba parte de la provincia de Panonia. En el siglo X les siguieron los judíos jázaros, del Cáucaso, y durante la Edad Media muchos judíos asquenazíes procedentes de lo que luego serían Alemania y Checoslovaquia.

A finales del siglo XIII, en Buda hubo un barrio judío con su propia sinagoga e incluso un cementerio extramuros.

En el siglo XVI, la mayoría de lo que hoy es Hungría cayó bajo el gobierno de los turcos otomanos y los judíos obtuvieron más derechos, como el derecho a comerciar, sobre todo con otras regiones del Imperio otomano. El gobierno turco duró hasta 1668, cuando los austriacos recuperaron Buda y diezmaron la población judía, como represalia por su lealtad a los turcos. La mayoría de los judíos que sobrevivieron vivían en terrenos feudales en el campo o en la ciudad comercial de Óbuda (literalmente, «Antigua Buda»), justo a las afueras de la capital. En aquel momento, la mayoría de judíos eran tenderos o comerciantes de caña de azúcar, chatarra o pieles de oveja y de conejo o trabajaban en la industria textil. Tras la Patente de tolerancia de José II del Sacro Imperio Romano Germánico en 1782, algunos judíos regresaron a la ciudad, pero tuvieron que esperar hasta 1868 para conseguir la emancipación completa. En 1930, más de una cuarta parte de la población de Budapest era judía. Aunque muchos judíos perdieron la vida durante el Holocausto, la ciudad conserva una vibrante comunidad judía.

La cocina judía húngara es una mezcla de las cocinas centroeuropea y sefardí. Hay muchas sopas de verduras (*leves*), que suelen estar enriquecidas con crema agria o servirse con una amplia variedad de albóndigas (*gamboc*, *shliskes* y *galuskas*). Abundan la coliflor, las patatas, las setas, la col y los pimientos especialmente dulces, que o bien se rellenan con arroz y tomates, o bien se preparan en forma de *lecsó*, un plato de

pimientos y tomates guisados y especiados con paprika (pimentón picante). Los fideos (*metélt*) se sirven con requesón o se endulzan con azúcar o miel y se espolvorean con nueces molidas o semillas de amapola.

Se preparan todo tipo de tartas (retes) con manzanas, cerezas, almendras, requesón e incluso col. Durante el Purim es tradicional servir un pastel a capas con frutos secos molidos, manzana y semillas de amapola (*flódni*) y galletas rellenas de nueces molidas, uvas pasas y miel. Para celebrar el Rosh Hashaná se suelen preparar *teiglach* (pastitas hervidas en miel con nuez moscada y jengibre).

Irak

En Irak hay comunidades judías desde tiempos bíblicos. Cuando el rey Nabucodonosor conquistó Jerusalén y destruyó el Primer Templo el año 586 a.C., los judíos se exiliaron a Babilonia, cerca del Bagdad actual.

En aquel momento, la cultura babilonia era una de las más desarrolladas del mundo y los babilonios enseñaron a los judíos nuevos métodos de cultivo de frutas y de verduras, además del arroz y especias exóticas como el jengibre.

Al cabo de cincuenta años, el rey Ciro II de Persia invadió Babilonia y, aunque autorizó a los judíos a regresar a sus países de origen, muchos decidieron quedarse. Se fundaron nuevas sinagogas y escuelas para estudiar derecho judío y en el siglo III Bagdad ya había superado a Palestina como centro del mundo judío. Los judíos prosperaron allí durante los siguientes 700 años de gobierno griego, romano y árabe. La mayoría se dedicaban a la agricultura y el comercio, sobre todo de piedras preciosas, especias y seda procedentes de China.

Durante los siglos siguientes, la fortuna de los judíos sufrió altibajos. Cuando Tamerlán marchó sobre Bagdad en 1393, muchos judíos huyeron a Siria y a Kurdistán. Más adelante, a mediados del siglo XVIII, muchos emigraron a Persia y a India, fundamentalmente para escapar de la persecución, pero también para buscar nuevos mercados y oportunidades de negocio en Oriente.

De todos modos, cuando Irak se convirtió en un mandato británico tras la Primera Guerra Mundial, más de un tercio de la población de Bagdad era judía.

En 1921, Faisal I fue coronado rey y concedió a los judíos de Bagdad «libertad de religión, educación y empleo». Sin embargo, tras la formación del estado de Israel en 1948, los judíos volvieron a ser objeto de persecuciones y en 1951 la mayoría de judíos iraquíes huyeron en avión a Israel en un éxodo masivo conocido como Operación Esdras y Nehemías.

La cocina de los judíos iraquíes está muy influenciada por los persas y los turcos otomanos. De los persas adoptaron el gusto por los platos agridulces preparados con vinagre, tamarindo o melaza de granada y por la fruta en platos salados. Los turcos otomanos les presentaron los platos de arroz, las verduras rellenas (*mahasha*) y una amplia variedad de pastas dulces y saladas, como el *sambusak* relleno de queso, y otros rellenos de espinacas o garbanzos. Abundan los guisos con garbanzos (*lablabi*), okra (*bamia*) y un plato de calabaza agridulce estofada a fuego lento con uvas pasas, almendras y orejones (*tershana*) cuya preparación es tradicional para el Tu Bishvat.

Otros platos festivos son pastas fritas empapadas en sirope de azúcar (*zlabiya*), que se preparan para Janucá, y unas tortitas dulces con levadura que se llaman *kahi* y que se suelen servir para desayunar la mañana después de la Pascua judía.

Irán (Persia)

La comunidad judía en Persia se remonta al año 539 a.C., cuando Ciro II el Grande conquistó Babilonia. En el siglo III, había comunidades judías en todo el Imperio persa, por ejemplo en Susa, Isfahán, Shiraz y Hamadán, y tan lejos como Bujará y Samarcanda.

Durante más de mil años, los mercaderes judíos viajaron por y se asentaron a lo largo de las antiguas rutas de la seda y de las especias que conectaban Oriente Medio, India y China.

Los judíos vivieron bien bajo el gobierno musulmán sunní. Se los consideraba «gentes del libro» y tenían libertad de culto siempre que pagaran el *jeziyeh*, un impuesto especial con el que se gravaba a las minorías no musulmanas y que daba el derecho a practicar la propia fe.

Sin embargo, la era safávida chií en el siglo XVI trajo cambios sociales y económicos: hubo persecuciones y algunas comunidades judías se vieron obligadas a convertirse para evitar la expulsión. La mayoría de judíos se ganaban la vida como prestamistas, artesanos, mercaderes o vendedores de artículos de segunda mano, mientras que otros preparaban y vendían remedios a base de plantas o se dedicaban a actividades culturales y artísticas: durante esta época vivieron y trabajaron en Persia muchos poetas judíos famosos y se produjeron algunos manuscritos judeopersas muy bellos. No obstante, los judíos tenían prohibido tener tiendas en el bazar o en las calles de la ciudad, usar los baños públicos o beber de pozos públicos, por lo que la mayoría de ellos optaron por vivir en *muhalleh* (barrios judíos), donde contaban con sus propios mercados, hornos y baños.

En el siglo XIX, había unos 30.000 judíos viviendo en Irán. Algunos eran banqueros, tesoreros u oficiales de la corte, pero la mayoría eran pequeños empresarios que comerciaban con telas, antigüedades, joyas o especias. También había bastantes músicos, trovadores y bailarines judíos. Tras la Revolución constitucional iraní de 1906, los judíos pudieron dejar de pagar el *jeziyeh* y algunos abandonaron los *muhalleh*. De todos modos, en 1948 más de 40.000 judíos emigraron al recién creado estado de Israel.

La cocina persa cuenta con un amplio repertorio de platos vegetarianos, ya que, tradicionalmente, los persas comen muy poca carne. En verano, las comidas familiares pueden consistir en pan *naan* integral, queso de cabra o de vaca blanco parecido al feta, un cuenco de hierbas frescas y, quizá, un plato de yogur y verduras llamado *boorani*, seguido de fruta fresca como postre. En invierno son populares reconfortantes sopas de verduras como la de judías, espinacas y fideos (*ash-e-reshteh*) o las tortillas de verduras (*kuku*). La lima seca y el sirope de granada son condimentos habituales. También abundan las verduras rellenas (*dolmeh*) y el arroz pilaf (*polow*) preparado con espinacas, hierbas, zanahorias, habas, lentejas, cerezas y frutos secos o fruta seca. En las bodas y en las ocasiones especiales se suele servir un arroz dulce con azafrán y zanahoria, almendras, pistachos y piel de naranja seca (*shireen polow*).

Italia

Hace más de 2.000 años que los judíos viven en Italia. De hecho, Roma cuenta con la comunidad judía más antigua de Europa occidental, que se remonta al siglo II a.C.

Después de que el emperador Tito destruyera el Segundo Templo de Jerusalén, miles de judíos fueron trasladados a Roma como esclavos y, pronto, otras comunidades judías aparecieron en el sur de Italia: Nápoles, Calabria, Apulia, Cerdeña y, sobre todo, Sicilia, que era un importante centro comercial para todo el Mediterráneo.

La población judía de Sicilia prosperó durante más de 1.500 años bajo distintos gobiernos: árabe, normando, angevino y aragonés. Los árabes trajeron nuevos ingredientes, como el arroz, la berenjena y las alcachofas, además del gusto por los platos agridulces con uvas pasas y piñones. La influencia árabe fue tan intensa que muchos judíos vestían como árabes y hablaban árabe y griego, además de italiano.

En el año 1000 ya había pequeñas comunidades judías en el norte de Italia, especialmente en Pavía y Lucca, que eran importantes centros de intercambio con el norte de Europa. La mayoría de judíos trabajaban como artesanos, mercaderes o vendedores ambulantes, aunque también había campesinos y pequeños terratenientes, dedicados fundamentalmente al cultivo de olivares y viñedos, de modo que producían su propio vino.

Los judíos de estas primeras comunidades recibieron el nombre de italkim. Los asquenazíes, que procedían sobre todo de Francia, Alemania y Renania, no llegaron a Italia hasta los siglos XIII y XIV, coincidiendo con la peste negra, y se asentaron en su mayoría en Piedemonte, Venecia Julia, Mantua y Ferrara. Los sefardíes llegaron aún más tarde, huyendo de la Inquisición tras su expulsión de España en 1492, y trajeron alimentos del Nuevo Mundo: tomates, patatas, calabazas, pimientos, judías, maíz y chocolate.

Hacia esa misma época, los judíos fueron expulsados del sur de Italia y poco después también de Sicilia y de Cerdeña, que estaban gobernadas por España. En su mayoría huyeron a Roma, pero algunos se dirigieron hacia el norte, en concreto, a Pesaro, Ancona y Venecia. Esta súbita afluencia contribuyó a la superpoblación de estas ciudades, lo que derivó en la segregación de los judíos en barrios concretos donde tenían que cumplir con múltiples restricciones. El primer gueto se creó en Venecia en 1516 y, en 1556, el papa Pablo V ya había instaurado guetos en toda Italia, donde los judíos quedaron confinados hasta que Napoleón los liberó en 1796.

A pesar de todo, el Renacimiento fue un periodo próspero para muchos judíos italianos. Algunos se convirtieron en banqueros y en prestamistas (oficios prohibidos para los cristianos) y otros en comerciantes, médicos, mercaderes de piedras preciosas y académicos. También había muchos poetas, músicos y compositores judíos, a los que mantenían algunos de los mayores mecenas de la época: los Médici de Toscana, los Visconti de Milán y los d'Este de Ferrara. Otros se dedicaron al teatro, especialmente en Mantua, célebre por sus actores judíos.

Livorno, conocida por su tolerancia social, religiosa y política, era uno de los centros más prósperos de vida judía y es la única ciudad italiana que nunca ha tenido guetos. La ciudad progresista atrajo a tantos marranos (judíos que aparentemente se habían convertido al cristianismo pero que seguían practicando el judaísmo en secreto) de España, Portugal y el norte de África que acabó recibiendo el nombre de la *piccola Gerusalemme* (el pequeño Jerusalén). Los judíos tenían incluso su propio dialecto, el *giudaico livornese*, una mezcla de hebreo y de portugués. La convivencia con los habitantes de Livorno era tan buena que se decía: «quien hace daño a un judío hace daño a Livorno».

Livorno entró en declive a partir del siglo XIX, aunque muchos judíos seguían ocupando puestos importantes en el comercio y en la cultura y mantenían vínculos estrechos con el Norte de África. Sin embargo, al final de la Segunda Guerra Mundial, la comunidad sefardí había desaparecido casi por completo. En la actualidad, en Livorno solo viven unos pocos judíos, en su mayoría originarios de Túnez y de Libia.

La cocina judía en los guetos italianos era distinta en cada comunidad. En Trieste, la cocina tenía una gran influencia alemana y centroeuropea y en ella abundaban las albóndigas variadas, las patatas, la col y tortitas rellenas dulces o saladas llamadas *palacincke*. También eran muy populares las tartas de fruta y las pastas dulces, como las *putizza di noci* (rollos de chocolate y avellana) y las *ofelle* (pastas con forma de medialuna rellenas de uvas pasas, almendras y piñones).

La comida en el gueto veneciano era mucho más variada y exótica y los venecianos no tardaron en adoptar la manera judía de comer arroz acompañado de verduras de todo tipo, sobre todo alcachofas, guisantes, calabacines, hinojo, apio, tomates, col, patatas y espinacas. Las verduras también se solían preparar *alla giudea*: cocidas a fuego lento con espinacas, piñones y vinagre. Los judíos introdujeron la berenjena en Venecia, donde hasta entonces la habían rechazado y calificado de «manzana loca», así como la deliciosa especialidad judía de albóndigas de espinacas con uvas pasas y piñones (*polpettine di spinaci*).

La cocina judía romana es sencilla y contundente. Abundan el *fritto misto* (fritada mixta) y los pasteles de verduras (con o sin masa), que suelen incluir queso pecorino, ricotta o mozzarella locales. A pesar de su nombre, la *pizza ebraica* no es una pizza, sino un pastel cerrado relleno de alcachofas, guisantes y hojas de remolacha. Una de las principales diferencias entre la cocina romana y la judía es el medio de cocción: la cocina romana tradicional usa manteca de cerdo en lugar de aceite de oliva.

Marruecos

Los judíos han vivido en Marruecos desde la antigüedad. Es probable que los primeros asentamientos judíos fueran en las montañas Anti-Atlas y en el valle del Draa, en el sur de Marruecos, en el siglo V a.C.

Según las leyendas locales, en Marruecos hubo reinos judíos y tribus bereberes mucho antes de que el islam se implantara en el siglo VIII a.C. Tras la conquista árabe, aparecieron comunidades judías por todo Marruecos y, en el siglo X, la ciudad de Fez era un centro clave de la enseñanza talmúdica y la población judía era tan grande que se la solía describir como «una ciudad sin habitantes», porque parecía que carecía de musulmanes autóctonos.

En el siglo XV, tras ser expulsados de España, miles de judíos sefardíes se trasladaron a Marruecos y se asentaron sobre todo en Fez, Mequínez y Rabat: los recién llegados recibieron el nombre hebreo de *megorashim* («los expulsados»), para diferenciarlos de los judíos nativos o *toshavim* («los residentes»). La población judía de Fez aumentó tanto que las tensiones entre musulmanes y judíos se intensificaron hasta el punto de que el sultán trasladó a los judíos a un barrio especial, o *mellah*, junto a la ciudad imperial, para garantizar su seguridad. El *mellah* era una ciudad en sí misma, con sus propias leyes, gobierno, zoco, jardines, sinagogas y cementerio. Con el tiempo, todas las ciudades marroquíes que contaban con una comunidad judía tuvieron un *mellah*.

Cuando España y Francia se repartieron Marruecos en 1912, desde Europa llegaron fondos abundantes para proporcionar recursos educativos a la población y algunos judíos se trasladaron a los barrios franceses recién construidos fuera de la medina. Al final de la Segunda Guerra Mundial, había más de 250.000 judíos viviendo en Marruecos, concentrados sobre todo en Casablanca, Marrakech, Fez, Mequínez, Rabat y Tánger. Sin embargo, tras la fundación de Israel en 1948, el resentimiento entre musulmanes y judíos por la cuestión Palestina hizo que muchos judíos partieran a Israel. Tras la independencia marroquí en 1956, gran parte de la comunidad judía se trasladó a Francia y a Canadá.

La cocina judía marroquí es de la mejor del país. El repertorio combina platos locales, cocina sefardí española e influencias bereberes, sobre todo en el sur. Las especias, como la canela, el jengibre, el cilantro, la cúrcuma, el azafrán y la pimienta, se usan con generosidad. La mayoría de platos se sirven con ensaladas y otros acompañamientos, y las sopas son ricas en legumbres y en verduras. Abundan las verduras rellenas, los buñuelos y las pastas llamadas *pastels*, que se elaboran con *waka*, una masa fina como el papel. Se preparan *tajines* de todo tipo y el cuscús (*seksu*) es el plato nacional. El cuscús con siete verduras (*seksu bidawi*) es tradicional en el Rosh Hashaná.

En las bodas, bar mitzvás, circuncisiones y otras ocasiones festivas se sirven pastas muy variadas, sobre todo *shebbakiyya* –un dulce frito de tiras enrejadas con sirope de azúcar–, rosquillas (*sfenj*) y guirlache de almendra (*jabane*). La *beraniya* es una conserva de berenjena frita que se sirve el día después del Yom Kippur.

Polonia, Lituania y Rusia

Tras las cruzadas, muchos judíos asquenazíes huyeron de Francia y de Alemania y se asentaron en Polonia («Ashquenaz» es el término hebreo medieval que designaba a Alemania).

Los judíos de Alemania llevaron consigo su dialecto judeogermano, el yiddish, que pronto se convirtió en la lengua vernácula de los judíos en Europa central y oriental. En 1264, el rey Boleslao de Polonia concedió protección a la comunidad judía que, más adelante, consiguió también la autonomía en relación con sus asuntos comunitarios.

A mediados del siglo XVI, Polonia y Lituania se convirtieron en un único país que se extendía desde el mar Báltico hasta el mar Negro y que abarcaba casi todo lo que hoy es Ucrania. Muchos judíos trabajaban con terratenientes polacos en el cultivo y la exportación de cereales para alimentar a la creciente población de Europa occidental y otros importaban vino, telas y artículos de lujo o de piel.

La nobleza polaca tenía tierras en Ucrania y empleaba a judíos para que las gestionaran y recaudaran impuestos. Los judíos prosperaron, pero pronto fueron objeto del resentimiento de la población rural, que los veía como los representantes de señores injustos y ausentes. En 1648, los cosacos, liderados por Bogdán Jmelnitski, se rebelaron contra los señores polacos y sus agentes judíos. Durante los ocho años siguientes, más de 100.000 judíos fueron asesinados y muchos de los supervivientes huyeron a los Balcanes, Bohemia, Alemania y Holanda.

Hacia finales del siglo XVIII, Prusia y Austria se repartieron la mayoría de Polonia occidental. Al mismo tiempo, Rusia se expandió hacia el oeste y se anexionó gran parte de Polonia oriental y de Lituania. De repente, más de un millón de judíos se encontraron viviendo bajo el Imperio ruso. La mayoría quedaron confinados en un área llamada Zona de Asentamiento, que abarcaba aproximadamente desde Kovno y Vítebsk, en el norte, hasta Yalta, en el mar Negro. Cien años después, en Rusia vivían cinco millones de judíos, pero una oleada de pogromos en la década de 1880 provocó una emigración masiva: más de 60.000 judíos huyeron a Palestina y dos millones a las Américas.

La cocina judía en esta región consiste en platos asquenazíes clásicos, con sopas y pastas rellenas, sobre todo *knishes* y *piroshki*. Los crepes, como los *blinis* de alforfón y los *blintzes* rellenos, son muy populares, al igual que las albóndigas, como los *knaydlaj* de harina de matzá, las bolas de patata (*kartoffel klishkes*) y los *kreplach*, una pasta rellena parecida a los ravioli que se sirven con caldo. Uno de los platos asquenazíes más conocidos es el *kasha varnishkes* (alforfón con lacitos de pasta). En las mesas suele haber encurtidos, como chucrut, pepinillos en vinagre y *tzikel* (hojas de remolacha). Los productos lácteos, como la crema agria, el suero de mantequilla, el requesón y el queso fresco, son alimentos básicos. Los postres consisten en compotas de fruta, sobre todo en el sabbat, y en las distintas festividades se sirven tartas de fruta, pasteles de queso, bizcochos de miel, tartas de manzana y bollos con semillas de amapola. Durante el Rosh Hashaná se sirven *lokschen kugel* (pastel de fideos dulces), *honig leiker* (bizcocho de miel) y *teiglach* (pastitas cocinadas en sirope de miel).

Repúblicas Checa y Eslovaca

Los judíos llegaron a la República Checa durante la primera
cruzada, huyendo de la persecución en Renania. La mayoría de ellos
se asentaron en Praga, donde solo se les permitía ganarse la vida
como prestamistas o vendiendo ropa de segunda mano.

Durante la segunda mitad del siglo XIII fueron trasladados a un Judenstadt (barrio judío) y, poco después, el rey Otakar II les concedió autonomía religiosa y civil.

Durante los siglos que siguieron, la comunidad judía sufrió persecuciones y expulsiones, pero un pequeño número de judíos fueron autorizados a quedarse siempre que accedieran a pagar unos impuestos especiales, llevaran unas insignias distintivas y respetaran las restricciones comerciales y de actividad empresarial. A finales del siglo XVI, algunos habían logado ascender hasta ocupar posiciones de gran importancia: el emperador Rodolfo II tuvo un ministro de finanzas judío, Mordecai Maisel, que se convirtió en el hombre más rico de Bohemia. Además de comprar todo el barrio judío, Maisel también pagó la construcción del Ayuntamiento, unos baños y varias sinagogas. En aquel momento, Praga contaba con la comunidad judía más grande e importante de Europa.

Sin embargo, los judíos no lograron la igualdad de derechos hasta la caída del Imperio austrohúngaro a finales de la Primera Guerra Mundial. En 1935, la comunidad judía superaba los 350.000 miembros, pero tras la Segunda Guerra Mundial muchos de los que habían logrado sobrevivir emigraron a Israel y a Estados Unidos y, en 1947, solo quedaban 8.000.

El primer gran asentamiento en Eslovaquia data del siglo XVI en Presburgo (ahora Bratislava), pero pasaron varios siglos antes de que la ciudad se convirtiera en un importante centro de educación judía. En 1808 se fundó una yeshivá (centro de estudios religiosos) que se convertiría en un uno de los centros ortodoxos más importantes de Europa. En la década de 1930, Bratislava contaba con diecinueve sinagogas y casi el diez por ciento de la población era judía. Sin embargo, solo unos miles de judíos sobrevivieron a la guerra.

La cocina judía checa y eslovaca es clásicamente asquenazí: ensaladas de remolacha, patata y pepino; albóndigas varias, tanto dulces como saladas (*galouschkas*, *halušky* o *knedilky*); reconfortantes sopas de verduras, sobre todo de remolacha (*borscht*) y de patata (*bramborová polévka*); compotas de fruta y una amplia variedad de pasteles de fruta, strudels, tortas (*palacinky*) y rosquillas. Tanto los eslovacos como los checos adoran las patatas, que usan en albóndigas, pudines, empanadillas, tortitas (*latkes* o *preklech*), tortillas y croquetas o sirven sencillamente hervidas o asadas con crema agria o queso de cabra. Preparan todo tipo de deliciosos pasteles, como la tarta de almendra y chocolate (*caruso*); *hamantaschen*, unas pastitas dulces rellenas de *plum povidl* (mermelada de ciruela), y bizcocho con cerezas (*bublanina*).

Rumanía

Los judíos llegaron a Rumanía en tiempos del Imperio romano. Les siguieron los judíos jázaros en el siglo X, los asquenazíes expulsados de Hungría en 1367, los sefardíes exiliados de España en 1492 y una oleada de judíos polacos y ucranianos tras las masacres de Jmelnitski en 1648.

En el siglo XIX llegaron más oleadas de inmigrantes judíos procedentes de Polonia y de Rusia. En la década de 1930, había más de 800.000 judíos viviendo en Rumanía, sobre todo en Transilvania, Besarabia y Moldavia y especialmente en Bukovina, donde prosperaron como artesanos y pequeños mercaderes. Algunos vivían en comunidades rurales autosuficientes (Rumanía era uno de los pocos países donde los judíos podían poseer tierras) y, en Bucarest, un pequeño número de judíos sefardíes desempeñaban un papel activo en la vida empresarial y financiera.

Tras la Segunda Guerra Mundial, Rumanía pasó a formar parte de la Unión Soviética hasta la revolución de 1989. Durante ese periodo, unos 300.000 judíos emigraron a Israel. En la actualidad, aún viven en Rumanía unos 20.000 judíos, sobre todo en Bucarest, Chisinau y pequeñas comunidades diseminadas por el país.

La cocina judía rumana está muy influida tanto por la tradición asquenazí como por la sefardí, además de por la cocina húngara, rusa, francesa y, especialmente, la turca. Los turcos trajeron el maíz del nuevo mundo a Rumanía, donde sigue siendo un alimento básico. Abundan las *ciorbe*, o sopas de verdura con un sabor ácido para abrir el apetito. A los rumanos también les gustan las tortitas agridulces (*clatite*) y las albóndigas (*papanasi*, *galuste* o *galushkas*), que se suelen servir con salsa de tomate y gratinadas con queso. Algunos de los platos vegetarianos principales son los pimientos fritos rellenos de queso (*pipirushkas reyenados de keso*), los *rissoles* (pequeña croqueta cubierta con masa quebrada o pan rallado) de verduras (*pârjoale de legume*) y el *ghiveci*, un guiso de verduras variadas.

Los postres rumanos como el *baklava*, el *kanafeh* y el *pandispan* (bizcocho) son un reflejo de las influencias turcas y sefardíes.

Siria

Hace más de 2.000 años que los judíos viven en Siria. La mayoría eran mizrajíes que habían huido de Oriente Medio, pero también había sefardíes que habían escapado de España tras su expulsión en 1492.

Alepo había sido una base importante para el antiguo comercio de caravanas entre Oriente Medio y China desde la Edad Media y siguió prosperando como centro de comercio internacional hasta la mitad del siglo XIX.

Cuando se inauguró el canal de Suez en 1869, disminuyó la importancia de las rutas de caravanas y muchos mercaderes judíos perdieron su medio de vida, lo que dio lugar a la primera oleada de migraciones: algunos se desplazaron a El Cairo para continuar comerciando desde allí y otros optaron por Inglaterra y América del Norte. Tras la Revolución de los Jóvenes Turcos de 1908, muchos jóvenes judíos abandonaron Siria con sus familias, para evitar que los reclutaran. Algunos se fueron a Egipto y otros a Inglaterra y a Estados Unidos, especialmente a Nueva York y a lo largo de la costa de Nueva Jersey. Otros eligieron México, Panamá, Brasil y Argentina. Tras la formación del estado de Israel en 1948, muchos judíos sirios cruzaron la frontera a Israel.

La cocina judía de Alepo era célebre: combinaba influencias árabes, turcas, persas y sefardíes y se caracterizaba por especias como la canela, la pimienta de Jamaica y el comino, y los sabores punzantes del tamarindo y la melaza de granada. La mayoría de comidas incluían una variedad de deliciosos *mezze*, como hummus, berenjena asada con tahini (*baba ganush*) y hojas de vid rellenas de arroz y menta (*yebrah hamaud*). El bulgur era un alimento básico, aunque la acaudalada clase media judía prefería el arroz blanco, que se solía preparar con vermicelli (*wa shariyya*) o, en ocasiones especiales, con almendras o pistachos (*wa los*). Las lentejas con arroz y cebolla caramelizada (*mujaddara*) eran habituales en las cenas de los jueves. También se preparaban todo tipo de tortillas y buñuelos (*ejjeh*) con calabacines, puerros, acelgas, patatas, perejil y queso fresco; y los sefardíes introdujeron los pasteles, pastas saladas rellenas normalmente con espinacas o queso. Como postre se solía servir fruta fresca y tanto los judíos como los sirios disfrutaban de pastitas empapadas en jarabe de azúcar, como las *baklava* y los *kanafeh*. Durante el Rosh Hashaná se solían servir caramelos de semillas de sésamo aromatizados con jengibre y canela (*simsemiyeh*).

Túnez y Argelia

Se cree que los judíos llegaron a Argelia con los mercaderes fenicios, durante el reinado del rey Salomón. En tiempos del Imperio romano había comunidades judías dispersas a lo largo de la costa del norte de África y se dedicaban sobre todo a la agricultura y al comercio.

Y según dice la leyenda, Kahina, una reina y profetisa bereber judía lideró la última resistencia bereber contra la invasión árabe del Magreb en el siglo VII.

Una de las primeras comunidades judías en Túnez se asentó en la isla de Yerba, donde los locales afirman que la sinagoga de la Ghriba («el milagro») se alza sobre una de las sinagogas más antiguas del mundo, construida donde una piedra sagrada cayó del cielo. Los judíos de Yerba han conservado su forma característica de judaísmo, que apenas ha recibido influencias externas.

Tras su expulsión de España en 1492, miles de sefardíes huyeron al norte de África. Algunos se asentaron en Argelia y otros en Túnez, especialmente en la capital homónima y en Testour, donde construyeron casas de estilo andalusí, con patios interiores con azulejos y balcones. A finales del siglo XVI, Argelia, Túnez y Tripolitania (Libia actual) estaban bajo el gobierno otomano. Poco después, un gran contingente de judíos de Livorno llegó a Argelia y a Túnez, para negociar rescates para judíos que habían sido secuestrados por piratas locales. Los *beys* (gobernadores) locales animaron a los recién llegados a que se quedaran allí permanentemente y muchos livorneses prosperaron como mercaderes, banqueros y comerciantes gracias a sus vínculos con Europa. De todos modos, la mayoría de la comunidad judía tenía dificultades para ganarse la vida como vendedores ambulantes, sastres, bordadores, zapateros, carpinteros, orfebres, plateros, joyeros y cambistas. A finales del siglo XVIII, la mayoría de judíos vivían en un *hara* (barrio judío), sometidos a una superpoblación y pobreza extraordinarias.

La vida no mejoró hasta que Francia invadió Argelia en 1831 y Túnez cincuenta años después. Muchos judíos prosperaron bajo la floreciente economía de los nuevos protectorados franceses y algunos pudieron abandonar los *hara* y vivir en apartamentos más cómodos en el barrio francés. La mayoría de judíos argelinos recibieron la nacionalidad francesa. Justo antes de que Argelia lograra la independencia en 1962, unos 150.000 (casi toda la población judía) emigraron a Francia. Tras la independencia de Túnez en 1956, unos 40.000 judíos habían emigrado también a Francia y a Israel.

Los judíos tunecinos están muy orgullosos de su cocina, que tiene influencias francesas, italianas, andalusíes y otomanas. Las comidas suelen empezar con un *kemia*: una selección de pequeñas ensaladas de verduras asadas, como pimientos, tomates y ajo (*mechouia*); una ensalada picante de zanahoria (*mzora*); y alcachofas con harissa, el picante condimento norteafricano preparado con chile, ajo y especias. También abundan las verduras rellenas, los buñuelos de verduras y los *briks*, unas pastas saladas fritas. Las sopas tunecinas son ricas en verduras y legumbres y suelen incluir pasta casera, como *reuchtas* (fideos) o *noissars* (pasta de huevo cuadrada). Algunos de los platos tradicionales con huevo son las tortillas asadas (*makhouda*), que se suelen preparar con patatas, zanahorias o berenjenas, los huevos revueltos con salsa picante (*ojja*) y las verduras fritas con huevo (*chachouka*).

Las tartas y las pastas, como los *manicottis* (rosetas de masa frita) y los yoyos (rosquillas pequeñas) suelen estar empapadas en miel o sirope de azúcar. Y cuando los judíos de Livorno llegaron a Túnez, trajeron *scoudilini* (natillas de almendras) y *boka di dama* (bizcocho de almendras).

Las verduras siempre han sido importantes en la cocina judía argelina. Para el sabbat se preparan todo tipo de ensaladas: alcachofas, hinojo, apio, pepino, berenjenas asadas, tomates, pimientos, zanahorias y calabacines aliñados con aceite de oliva, jugo de limón, ajo, harissa, semillas de alcaravea molidas y cilantro. Uno de los platos vegetarianos más populares es el *loubia* (judías blancas cocidas en una salsa picante), que se suele servir para el Sucot, y el *boketof* (sopa de verduras condimentada con menta) se suele servir para el festival de Tisha b'Av.

El cuscús es un plato básico y se suele servir con mantequilla, uvas pasas, azúcar y un vaso de *iben* (suero de mantequilla). Los *borekas* y los *bestels*, que son pastitas dulces o saladas fritas, parecidas a los *briks* de Túnez, se suelen ofrecer en bodas y otras ocasiones especiales. Algunos de los postres más conocidos son los *cigares aux amandes* (pastas de masa fina como el papel rellenas de pasta de almendras y empapadas en sirope de miel), los *kndlets* (pastitas de almendra) y el *baghrir* (esponjosas tortitas de sémola servidas con jarabe de flor de azahar).

Turquía y Grecia

Aunque se desconoce cuándo se asentaron en Grecia y en Turquía los primeros judíos, se sabe que a finales del siglo I a.C. había prósperas comunidades judías en la mayoría de las ciudades y principados de Asia Menor, además de en Creta, Chipre y algunas de las islas del Egeo.

A pesar de que los judíos tuvieron libertad de culto bajo el Imperio romano, no se les permitía participar en la vida pública.

El año 330, Constantino el Grande trasladó la capital imperial a Bizancio (a la que llamó Constantinopla) y el Imperio romano oriental pasó a conocerse como Imperio bizantino, aunque los judíos bizantinos estaban orgullosos de Roma y de su civilización y se consideraban romanos, así que se los conocía como judíos romaniotes.

Luego, a principios del siglo XII, Creta, las islas Jónicas y algunas de las islas del Egeo pasaron a estar bajo el dominio de Venecia, una influencia que sigue siendo evidente hoy, no solo en los múltiples castillos y edificios venecianos, sino también en la cocina. Los *fritole* (buñuelos de arroz) de Corfú y la *sofegada* (guiso de berenjenas, calabacines y pimientos) de Creta tienen un evidente origen veneciano.

En 1543, los turcos otomanos conquistaron Constantinopla y, a lo largo de los siguientes doscientos años, también la mayor parte de Grecia. El gobierno otomano perduró durante más de 400 años, durante los que la vida para los judíos mejoró, ya que recibían el mismo trato que los cristianos. Tras la expulsión de España, el sultán Bayezid II abrió las fronteras del imperio a los judíos que huían y miles de ellos se asentaron en Constantinopla, Esmirna, Edirne y, sobre todo, Tesalónica, que, a finales del siglo XVI, era predominantemente judía. De hecho, se la llegó a conocer como «el Jerusalén de los Balcanes».

Los judíos españoles, o sefardíes (el nombre deriva de Sefarad, el nombre hebreo para España), trajeron con ellos sus sofisticadas cultura y cocina. La mayoría hablaban castellano, que gradualmente se transformó en el ladino o djudezmo (una mezcla de castellano y palabras hebreas, griegas, turcas, italianas y árabes) que no tardó en convertirse en la lengua franca de los judíos de Grecia y de Turquía. Entre ellos había banqueros, médicos, intérpretes e impresores y muchos ocuparon cargos en el gobierno. Otros se convirtieron en mercaderes y vendían seda, piedras preciosas, café y especias.

A finales del siglo XIX, el Imperio otomano estaba en pleno declive. Después de que Grecia entrara en la Primera Guerra Mundial en 1917, un incendio arrasó Tesalónica y destruyó prácticamente todo el barrio judío. Como resultado, muchos judíos se trasladaron a Atenas o emigraron a Francia, África, Estados Unidos y América del Sur. Cuando los nazis invadieron Grecia durante la Segunda Guerra Mundial, más de 65.000 judíos fueron enviados a los campos de concentración. En la actualidad quedan unos 6.000 judíos en Grecia y unos 20.000 en Turquía, la mayoría de los cuales viven en Estambul.

La cocina de los judíos griegos y turcos está muy influenciada por las cocinas sefardí y otomana, con platos como las empanadas, de evidente origen español. Abundan las verduras encurtidas (*tursi*) y las pastitas saladas (*borekas, boyos, pastels, tapadas* y *bulemas*) rellenas de espinacas, acelga, berenjena, patata, calabaza o queso. Algunos de los más conocidos entre el vasto repertorio de platos vegetarianos son el pastel de acelga y patata (*sfongo de pazi*), un gratén de calabacín y queso blanco llamado *kalavasutcho* y pimientos o tomates rellenos de arroz, piñones y pasas de Corinto. Durante la Pascua judía se suelen servir buñuelos de puerros y queso fresco (*albondigas de prasa*), un gratén de espinacas y matzá llamado *mina de smyrne* y tortillas de verduras varias (*fritadas*).

Se preparan diversos pasteles y pastas, muchos de los cuales están empapados en sirope, como el *tishpishti* (una ligera tarta de nueces que se prepara para el Rosh Hashaná), el pastel relleno de crema llamado *galaktoboureko* y las *baklavas*. Para la Janucá se sirven bolas de miel (*zvingous*) griegas y *bimuelos* (buñuelos) de *hanuka*.

Entrantes y ensaladas

> «Un estómago vacío es un
> corazón sin alegría.»
>
> PROVERBIO JUDEOESPAÑOL

En todo el Mediterráneo y Oriente Medio, las comidas empiezan con entrantes y ensaladas que reciben el nombre de aperitivo, *antipasto*, *mezze* o *kemia*. Son especialmente importantes en los hogares judíos, por las leyes del sabbat que prohíben cocinar durante el mismo. En concreto, los judíos del norte de África cuentan con un inagotable repertorio de ensaladas crudas y cocinadas, preparadas con alcachofas, calabacines, hinojo, pimientos, tomates, coliflor, zanahoria, patatas o habas y que suelen aliñar con aceite de oliva, jugo de limón, ajo, comino y harissa, la picante salsa tan popular en todo el Magreb.

En Europa Oriental y Rusia, predominan las ensaladas de remolacha, de patata o de col, que se suelen aliñar con crema agria y hierbas. En Georgia, las ensaladas de judías, remolacha, setas o berenjenas suelen incluir nueces o semillas de granada y en Europa y los Balcanes se suelen mezclar con yogur.

Los *mezze* de Oriente Medio no solo se sirven como aperitivo, sino que pueden llegar a consistir en la comida completa. Una combinación típica podría ser un cuenco de hummus, la ensalada de perejil y bulgur que conocemos como tabulé, olivas de varios tipos, verduras crudas como zanahoria, apio o pepino, verduras rellenas y, quizá, un poco de queso de cabra.

TÚNEZ

Ensalada de sabbat de alcachofa, hinojo y harissa

Salade d'artichauts cuits du Chabbat

4 alcachofas medianas

½ limón

3 cucharadas de aceite de oliva virgen extra

225 g de cebollas blancas pequeñas, peladas pero enteras

3 dientes de ajo, picados finos

1 bulbo de hinojo mediano, sin las hojas y cortado en cuñas finas

½ cucharadita de puré de tomate (pasta)

1 cucharadita de harissa (véase receta), o al gusto

125 ml de agua caliente

Para la harissa

60 g de chiles secos

1 cabeza de ajo pequeña, con los dientes separados y pelados

1 cucharadita de semillas de cilantro tostadas y molidas

1 cucharadita de semillas de alcaravea tostadas y molidas

½ cucharadita de sal

2 cucharadas de aceite de oliva virgen extra, y un poco más para el tostado

En esta receta tunecina, las alcachofas se cuecen a fuego lento con cebollas pequeñas, hinojo y harissa y se sirven a temperatura ambiente. La harissa es una salsa picante elaborada con chiles secos, ajo y sal cuyo uso como condimento es generalizado en el norte de África. Se puede comprar en grandes supermercados o en colmados árabes y de Oriente Medio, pero el picante puede variar mucho, por lo que hay que adaptar la cantidad en función del gusto. Preparar harissa en casa es muy fácil, aunque cuando se manipulan chiles hay que llevar siempre guantes de goma y evitar el contacto con los ojos.

—

Para elaborar la harissa, deposite los chiles en un recipiente, después de haber retirado las semillas y los tallos. Cúbralos con agua hirviendo y déjelos en remojo durante 30 minutos o hasta que se ablanden. Escúrralos y métalos en un robot de cocina, junto al ajo, las especias, la sal y 2 cucharadas de aceite de oliva. Triture hasta obtener una pasta suave y sin grumos. Con una cuchara, pase la harissa a un tarro de vidrio esterilizado y cúbrala con una capa de aceite de oliva. Se conservará en el frigorífico hasta 2 semanas.

Corte y pele los tallos de las alcachofas y retire todas las hojas externas, duras y no comestibles. Corte las alcachofas por la mitad y retire las fibras del centro. Frote los fondos de alcachofa con el limón, para impedir que se oxiden, y córtelos en láminas de 5 mm.

Caliente el aceite de oliva en una sartén grande y sofría la cebolla y el ajo durante 2 minutos. Añada el hinojo, las alcachofas, el puré de tomate y la harissa y remueva bien. Agregue el agua caliente y lleve a ebullición. Cubra la sartén, reduzca el fuego y cueza a fuego lento 20-25 minutos o hasta que las verduras estén tiernas y la salsa haya espesado. Sirva a temperatura ambiente en una bandeja.

Para 4 personas

ITALIA

Caponata judía

Caponata alla giudea

675 g de berenjenas

2 cucharadas de aceite de oliva, y un poco más para freír

1 cebolla pequeña, picada fina

1 tallo de apio, en dados pequeños

1 zanahoria pequeña, en daditos muy pequeños

225 g de tomates de pera maduros, pelados, sin semillas y troceados

75 g de olivas verdes, sin hueso y laminadas

3 cucharadas de alcaparras encurtidas, bien enjuagadas

2 cucharadas de hojas de albahaca troceadas

3 cucharadas de vinagre de vino tinto, o al gusto

1 cucharada de azúcar

sal y pimienta negra recién molida

1 huevo duro, en rodajas

Este plato consiste en berenjena frita con salsa agridulce de tomate, aderezada con olivas y alcaparras. Su origen es siciliano, pero llegó a Roma con los judíos sicilianos que huían de la Inquisición. Tradicionalmente, la caponata se preparaba los viernes y se servía fría para el almuerzo del sabbat.

—

Corte los extremos de las berenjenas, córtelas en dados de 1 cm y espolvoréelas con sal. Páselas a un colador colocado sobre un cuenco y déjelas allí durante 1 hora, para que suelten los jugos amargos. Enjuague la sal, seque las berenjenas con un paño y fríalas en aceite de oliva muy caliente hasta que se doren. Escúrralas sobre papel de cocina.

Caliente 2 cucharadas de aceite de oliva en una sartén grande y poche la cebolla, el apio y la zanahoria a fuego medio. Añada los tomates y mantenga la salsa en el fuego hasta que haya espesado. Incorpore las berenjenas fritas, las olivas y las alcaparras y cueza a fuego lento durante 5 minutos. Añada la albahaca, el vinagre y el azúcar; remueva bien, salpimiente y prolongue la cocción a fuego lento durante 5 minutos más, para que los sabores se mezclen bien. Transfiéralo todo a una fuente para servir y adórnelo con las rodajas de huevo duro. Sirva el plato a temperatura ambiente.

Para 4 personas

RUSIA Y LITUANIA

Ensalada de remolacha con rábano picante, crema agria y eneldo

Salat iz svekly s khrenom

4 remolachas medianas, aproximadamente 675 g en total

3 cucharadas de vinagre de vino tinto, o al gusto

una pizca de canela molida

2-3 cucharadas de rábano picante, o al gusto

125 ml de crema agria o *smetana*

1 cucharadita de azúcar, o al gusto

sal

2 cucharadas de eneldo (o perejil), picado fino

En toda Europa oriental se preparan variaciones de este plato. Recuerde que pelar y rallar el rábano picante puede hacerle llorar... ¡pero también le despejará la nariz! Para esta receta es mejor usar rábano picante fresco, pero si no lo encuentra, también puede comprarlo ya rallado, aunque entonces se perderá parte de su ardiente sabor.

—

Lave bien las remolachas y córteles los rabos. Métalas en un cazo con agua fría y lleve el agua a ebullición. Cubra y deje hervir a fuego lento durante 1 hora o hasta que las remolachas se hayan ablandado. Escúrralas y resérvelas hasta que se hayan enfriado lo suficiente como para que las pueda manipular. Pélelas y córtelas en rodajas finas. Colóquelas en una ensaladera y riéguelas con el vinagre. Añada la canela, remueva con suavidad y deje marinar durante 30 minutos.

En un cuenco pequeño, mezcle el rábano picante con la crema agria, y añada el azúcar y la sal. Vierta la salsa sobre la remolacha marinada y adorne el plato con el eneldo.

Para 4 personas

EGIPTO

Falafel de habas
Ta'amiya

350 g de alubias blancas o de habas secas
un puñado de perejil de hoja plana
un puñado de cilantro
2 cebolletas, picadas
3 dientes de ajo, majados
2 cucharaditas de cilantro molido
1 cucharadita de comino molido
¼ de cucharadita de pimienta roja
½ cucharadita de bicarbonato
sal y pimienta negra recién molida
3-4 cucharadas de semillas de sésamo
aceite de oliva, para freír

En Egipto se elaboran *ta'miya*, o falafels, desde los tiempos de los faraones, cuando probablemente los disfrutaban tanto los esclavos judíos como los egipcios. En la actualidad, Egipto e Israel se disputan la autoría de estas deliciosas croquetas. En Egipto se preparan siempre con *ful nabed* (alubias blancas) y en Israel, con garbanzos. A veces, los *ta'miya* tienen un ligero rebozado de semillas de sésamo que les da un delicioso sabor a nuez. En Egipto, tradicionalmente se sirven en un pan de pita caliente, con dados de pepino, ensalada de tomate y un poco de hummus.

—

Ponga las alubias o las habas en remojo durante 24 horas. Escúrralas bien y séquelas con un paño.

Lave las hierbas y séquelas bien. Píquelas toscamente.

Coloque las alubias o las habas en una trituradora o en un robot de cocina y tritúrelas hasta que obtenga una pasta suave y sin grumos. Añada la cebolleta, el ajo, las hierbas, las especias y el bicarbonato y vuelva a triturar hasta que la pasta quede muy suave. Salpimiente, transfiera la pasta a un recipiente y refrigérela durante 1 hora antes de usarla.

Haga bolas de unos 2 cm de diámetro con la masa. Aplánelas ligeramente y rebócelas con las semillas de sésamo. Fríalas por tandas en abundante aceite caliente hasta que se doren por ambos lados. Retírelas con una rasera y déjelas secar sobre papel de cocina.

Para 6-8 personas

SIRIA

Ensalada de remolacha con melaza de granada y semillas de sésamo

Sa'lata shooendar

4 remolachas medianas, aproximadamente 675 g

1 cebolla roja, picada fina

un puñado de perejil de hoja plana, picado fino

3 cucharadas de aceite de oliva virgen extra

el jugo de ½ limón

1 diente de ajo, majado

1-2 cucharaditas de melaza de granada, o al gusto

sal y pimienta negra recién molida

2 cucharadas de semillas de sésamo tostadas

La melaza de granada, que se prepara reduciendo y concentrando el jugo de varias granadas, añade un delicioso sabor ligeramente ácido a los guisos y a los aliños para ensalada. Está disponible en la mayoría de colmados árabes y de Oriente Medio y algunos grandes supermercados, pero la hay de distintas densidades, por lo que la cantidad exacta necesaria dependerá del espesor de la melaza concreta de que disponga. Esta ensalada se mantiene hasta 3 días en el frigorífico.

—

Lave bien las remolachas y córteles los rabos. Métalas en un cazo con agua fría y lleve el agua a ebullición. Cubra y deje hervir a fuego lento durante 1 hora o hasta que las remolachas se hayan ablandado. Escúrralas y resérvelas hasta que se hayan enfriado lo suficiente como para que las pueda manipular. Pélelas y córtelas en rodajas. Colóquelas en una ensaladera, junto a la cebolla y el perejil.

Para elaborar el aliño, mezcle el aceite de oliva, el jugo de limón, el ajo majado y la melaza de granada en una jarra pequeña. Salpimiente y remueva enérgicamente. Vierta el aliño sobre la remolacha y remuévala con suavidad. Espolvoree las semillas de sésamo sobre la ensalada y sírvala fría.

Para 4 personas

HUNGRÍA

Queso Liptov

Korozott liptoi

225 g de requesón

6 cucharadas de mantequilla blanda

2 cucharadas de crema agria

2 cucharadas de cebolla, picada fina

1 cucharada de paprika húngaro

½ cucharadita de semillas de alcaravea molidas

sal y pimienta negra recién molida

Tanto los húngaros como los judíos adoran esta conocida crema de queso. Se originó en Lipto, una región histórica del Reino de Hungría y que ahora pertenece a Eslovaquia, donde el famoso requesón de oveja local se mezcla con mantequilla blanda, cebolla rallada, paprika y semillas de alcaravea. Se pueden encontrar variaciones de este plato en toda Europa central y a algunos cocineros les gusta añadir un poco de mostaza. En Viena lo llaman *liptauer* y le suelen añadir cebollino y alcaparras. Sírvalo sobre cuartos de pan de centeno o tostadas o como salsa para untar verduras crudas.

—

Pase el queso por un colador sobre un cuenco, añada la mantequilla blanda y la crema agria y mezcle bien. Añada la cebolla, el paprika y la alcaravea y vuelva a remover bien. Salpimiente y refrigere durante 2-3 horas, para que los sabores se mezclen.

Para 4 personas

SIRIA

Hummus con garbanzos enteros y zumaque

Hummus bi tahina

225 g de garbanzos cocidos y escurridos

el jugo de 1-1 ½ limón, o al gusto

2-3 cucharadas de tahini, o al gusto

1-2 dientes de ajo, majados

2 cucharadas de aceite de oliva virgen extra, y un poco más para terminar

¼ de cucharadita de comino molido

sal

1 cucharadita de zumaque

Ningún libro de cocina judía estaría completo sin una receta de hummus. Se prepara en Israel y en Oriente Medio y, durante los últimos años, también en gran parte del mundo occidental. Si se dispone de una batidora de mano o de un robot de cocina, el hummus resulta extraordinariamente fácil de hacer en casa y la cantidad exacta de tahini, ajo y jugo de limón dependen del gusto de cada uno. Tradicionalmente, se sirve con pan de pita caliente, pero también es excelente como salsa en la que untar verduras crudas. A veces, el hummus se corona con garbanzos enteros, un chorro de aceite de oliva y una pizca de pimentón o de zumaque, que añaden un delicioso sabor ácido. Si usa garbanzos en conserva, enjuáguelos bien bajo agua corriente fría, para eliminar la sal.

—

Reserve 3 cucharadas de garbanzos para decorar. Deposite el resto de garbanzos, el jugo de limón, el tahini, el ajo, 6 cucharadas de agua y 2 cucharadas de aceite de oliva en un robot de cocina y triture hasta que obtenga una crema suave y untuosa. Si es demasiado espesa, añada un poco más de agua. Añada el comino y la sal y extienda el hummus sobre una bandeja poco profunda. Vierta un poco de aceite de oliva y espolvoree el zumaque. Adorne con los garbanzos que ha reservado.

Para 3-4 personas

TURQUÍA

Pastelitos sefardíes de queso y perejil
Borekitas de kezo

4-5 hojas de pasta filo fresca o descongelada

aceite de oliva virgen extra, para pintar

3 cucharadas de semillas de comino negro

Para el relleno

200 g de queso feta o *beyaz peynir* (queso blanco turco)

75 g de queso parmesano o *kefalotyri*, recién rallado

1 huevo, y 1 yema adicional

25 g de perejil de hoja plana, picado fino

2 cucharadas de menta, picada fina

Tradicionalmente, estos deliciosos pastelitos se sirven para el almuerzo del sabbat y para la Shavuot, pero también son aperitivos excelentes. El comino negro aporta un sabor especiado que recuerda a la cebolla. Puede rellenar los *borekitas* con cualquiera de los rellenos para pastelitos sefardíes que aparecen en el libro, como los *bulemas*, *pastels* o *filas*.

—

Para preparar el relleno, mezcle los dos quesos, el huevo, la yema y las hierbas en un cuenco y mezcle bien.

Corte la pasta filo en tiras de aproximadamente 6 cm de ancho y 30 cm de largo. Apílelas y cúbralas con un paño, para que no se sequen. Coja una de las tiras y píntela con un poco de aceite. Coloque 1 cucharadita de relleno en el extremo inferior de la tira. Con cuidado, levante la esquina derecha y pliéguela, para formar un triángulo. Vuelva a plegarla una y otra vez, hasta que haya llegado al final. Repita con el resto de tiras y del relleno.

Coloque los triángulos de masa filo en hileras sobre una bandeja de horno engrasada y pinte con un poco de aceite la parte superior. Espolvoréelos con el comino negro y hornéelos en un horno precalentado a 180 °C durante 15 minutos o hasta que estén dorados y crujientes.

Para 24 unidades

ITALIA

Judías verdes marinadas con aliño balsámico

Fagiolini all'aceto

450 g de judías verdes

3 cucharadas de aceite de oliva virgen extra

1 cucharada de vinagre balsámico

1 cucharada de crema de vinagre balsámico (opcional)

90 ml de agua caliente

sal y pimienta negra recién molida

Este plato italiano puede ser tanto un entrante como un acompañamiento. En Ferrara, lo preparan usando las diminutas judías verdes disponibles a principios de junio. Personalmente, me gusta añadir un poco de crema de vinagre balsámico de Módena, que tiene más mosto de uva y da un sabor delicioso al aliño.

—

Corte los extremos de las judías. Caliente el aceite de oliva en una sartén grande, añada las judías y remuévalas bien, para untarlas en el aceite y el vinagre, si lo ha añadido. Agregue el agua caliente y lleve a ebullición. Cubra y cueza a fuego lento durante 15 minutos o hasta que las judías estén tiernas y el agua se haya evaporado. Salpimiente y sirva a temperatura ambiente.

Para 4 personas

MARRUECOS

Pimientos verdes con aceite de argán

Felfla bi argane

6 pimientos verdes

3 cucharadas de aceite de argán o de aceite de oliva virgen extra

el jugo de ½ limón

2 dientes de ajo, picados finos

¼ de cucharadita de comino molido

¼ de cucharadita de pimentón picante

sal y pimienta negra recién molida

El raro argán es un árbol que crece únicamente en el sur de Marruecos, en la región próxima a Esauira, la antigua ciudad de Mogador, que antaño contó con una gran comunidad judía. El aceite ambarino se elabora con los frutos oleaginosos del árbol y tiene un sabor que recuerda ligeramente a la pimienta y a la nuez, y que es más sutil que el del aceite de oliva. Aunque el aceite de argán tiene un punto de humeo elevado que lo hace adecuado para cocinar, normalmente se usa para aliñar ensaladas, platos de verduras, cuscús y pan.

—

Ase los pimientos en una parrilla hasta que la piel se ennegrezca por completo. Enjuáguelos en agua fría y retire la piel. Córtelos por la mitad y retire las semillas y el corazón. Córtelos en tiras y deposítelos en una fuente para servir.

Prepare el aliño removiendo el aceite, el jugo de limón, el ajo y las especias. Añada sal y pimienta, riegue los pimientos con el aliño y remuévalos con suavidad. Deje marinar durante 1 hora como mínimo. Sirva frío.

Para 4-6 personas

ITALIA

Cebollitas blancas agridulces

Cipolline in agrodolce

5 cucharadas de aceite de oliva virgen extra

675 g de cebollas blancas pequeñas, peladas pero enteras

2 cucharadas de azúcar, o al gusto

2 cucharadas de vinagre de vino tinto

75 g de pasas sultanas (doradas)

2 cucharadas de vino de Marsala seco

4 cucharadas de agua caliente

sal y pimienta negra recién molida

En este clásico plato de sabbat, las cebollas se cuecen lentamente con pasas sultanas (doradas) en una deliciosa salsa agridulce elaborada con azúcar, vino tinto y vino de Marsala.

—

Caliente el aceite de oliva en una sartén grande y añada las cebollas. Tape la sartén y sofría a fuego lento durante unos 25 minutos o hasta que las cebollas empiecen a estar tiernas.

Disuelva el azúcar en el vinagre y añádalo a la sartén, junto a las pasas sultanas, el vino de Marsala y el agua caliente. Remueva bien y salpimiente. Prolongue la cocción a fuego lento durante 40 minutos o hasta que las cebollas se hayan dorado y la salsa se caramelice. Transfiéralo todo a una fuente para servir y sírvalo bien frío.

Para 4-6 personas

SIRIA

Ensalada de perejil, tomate y bulgur con menta fresca
Tabbouleh

50 g de bulgur fino

75 g de perejil de hoja plana, con las hojas arrancadas y picadas finas

15 g de menta, con las hojas arrancadas y picadas finas

3 cebolletas, picadas finas

4 tomates medianos, sin el corazón y cortados en dados de 5 mm

6 cucharadas de aceite de oliva virgen extra

el jugo de 1 limón, o al gusto

½ cucharadita de pimienta de Jamaica molida

¼ de cucharadita de canela molida

sal y pimienta negra recién molida

los granos de ½ granada

Las proporciones de los ingredientes de esta deliciosa ensalada originaria de Alepo varían de un cocinero a otro. A la mayoría de judíos sirios les gusta prepararla con mucho bulgur, pero a mí me parece más ligera y gustosa con menos. El tabulé se suele servir con hojas de lechuga o de col frescas, que se usan para cargar la ensalada a modo de cuchara.

—

Vierta el bulgur en un cuenco, cúbralo con agua fría y déjelo en remojo durante 10 minutos. Escúrralo bien y elimine tanta agua como le sea posible. Colóquelo en una ensaladera, junto con las hierbas, las cebolletas y los tomates.

Para preparar el aliño, bata el aceite de oliva con el jugo de limón, añada las especias y salpimiente.

Vierta el aliño sobre la ensalada y remueva con suavidad. Decore con los granos de granada y sirva.

Para 4 personas

TÚNEZ Y ARGELIA

Compota de pimiento y de tomate
Makbouba

450 g de tomates

2-3 pimientos rojos o verdes, o unos 350 g

3 cucharadas de aceite de oliva virgen extra

2 dientes de ajo, picados finos

¼ de cucharadita de comino molido

1 hoja de laurel

1 ramita de tomillo

sal y pimienta negra recién molida

Este delicioso plato judeoárabe consiste en tomates y pimientos asados y sofritos a fuego lento en aceite de oliva con ajo y hierbas hasta que alcanzan una consistencia parecida a la de la mermelada. A veces se añade un poco de alcaravea o de comino molidos. La *makbouba* se suele servir a temperatura ambiente con pan de pita, pero también se usa para rellenar huevos o como salsa para pasta.

—

Ase los tomates y los pimientos en el horno hasta que la piel se ennegrezca por completo. Enjuáguelos con agua fría y retire la piel. Córtelos por la mitad y retire las semillas. Corte los pimientos en tiras y trocee los tomates toscamente.

Caliente el aceite de oliva en una sartén grande, añada el ajo y sofríalo durante 1 minuto. Añada el comino, la hoja de laurel, el tomillo, los pimientos y el tomate. Salpimiente y deje a fuego lento, sin tapar, durante 1 hora o hasta que el líquido se haya evaporado y la salsa se haya reducido hasta adquirir la consistencia de compota. Sírvala fría.

Para 4 personas

MARRUECOS

Ensalada de naranja y olivas negras

Salade d'oranges et d'olives noires

3-4 naranjas

20 olivas negras, deshuesadas y cortadas por la mitad

2 cucharadas de aceite de oliva virgen extra

1-2 cucharaditas de jugo de limón, o al gusto

1 diente de ajo, majado

½ cucharadita de pimentón

½ cucharadita de comino molido

una pizca de azúcar

sal

Esta refrescante ensalada se suele servir para el Tu Bishvat, el Festival de los árboles.

—

Pele las naranjas, asegurándose de retirar toda la fibra blanca, y córtelas en dados pequeños. Deposite los dados de naranja y las olivas en una fuente.

Para preparar el aliño, mezcle el aceite de oliva, el jugo de limón, el ajo, las especias y el azúcar en un cuenco y sazone. Vierta el aliño sobre las naranjas y las olivas y remueva con cuidado. Refrigere bien antes de servir.

Para 4 personas

ARGELIA

Ensalada de tomate, cebolla y huevo

Slata tomatem

450 g de tomates, en dados

1 cebolla roja pequeña, en rodajas finas

100 g de olivas negras, deshuesadas

3 cucharadas de aceite de oliva virgen extra

1 cucharada de vinagre de vino tinto

3 dientes de ajo, majados

sal y pimienta negra recién molida

2 cucharadas de perejil de hoja plana, picado fino

2 huevos duros, en rodajas

Esta sencilla ensalada es un aperitivo delicioso o un almuerzo ligero con un poco de pan para acompañar.

—

Coloque los tomates, la cebolla y las olivas en una ensaladera. Para el aliño, mezcle el aceite, el vinagre y el ajo y remueva enérgicamente. Salpimiente el aliño y viértalo sobre la ensalada. Remueva con suavidad. Adorne con el perejil y las rodajas de huevo duro.

Para 4 personas

REPÚBLICA CHECA

Ensalada de patata con manzana, alcaparras y pepinillos escabechados con eneldo

Bramborovy salat

675 g de patatas nuevas

1 manzana pequeña, pelada, sin el corazón y cortada en dados

1 cebolla pequeña, picada fina

1-2 pepinillos escabechados con eneldo, troceados

2 cucharaditas de alcaparras

2 cucharadas de perejil de hoja plana, picado fino

4 cucharadas de mayonesa

2 cucharadas de crema agria o *smetana*

1 cucharadita de mostaza a la antigua o Dijon

sal y pimienta negra recién molida

1 huevo duro, picado

Los judíos asquenazíes preparan todo tipo de ensaladas de patata, sobre todo para el sabbat. A veces añaden un poco de pepino o de apio cortados en dados o zanahoria, remolacha o guisantes hervidos. El aliño puede variar desde una sencilla vinagreta o mayonesa hasta una mezcla de crema agria y mostaza. En esta receta de Praga, la ensalada se aliña con mayonesa y crema agria o *smetana*, una crema fermentada parecida a la *crème fraîche* y que se usa de manera generalizada en Europa central y oriental.

—

Hierva las patatas con la piel en agua con un poco de sal durante 20 minutos o hasta que estén blandas. Escúrralas y deje que se enfríen lo suficiente para poder manipularlas. Pélelas si es necesario, aunque por lo general no hace falta pelar patatas nuevas pequeñas. Corte las patatas en rodajas gruesas o en cubos grandes. Añada la manzana, la cebolla, el pepinillo, las alcaparras y el perejil.

En un cuenco pequeño, mezcle la mayonesa, la crema agria y la mostaza. Salpimiente el aliño y viértalo sobre la ensalada de patata. Remueva con cuidado. Sirva la ensalada fría, adornada con el huevo duro.

Para 4 personas

Sopas

> «Las preocupaciones se alivian
> con una buena sopa.»
> REFRÁN YIDDISH

Las sopas siempre han sido muy importantes en la cocina judía. En la Francia y la Alemania medievales se solían servir sopas en todas las comidas y, en los hogares más pobres, era habitual que la comida consistiera simplemente en sopa con pan. De hecho, el término «sopa» procede del alemán *suppa*, que originalmente se refería a una rebanada de pan empapada en líquido.

La sopa también desempeña un papel esencial en muchas festividades judías. Tradicionalmente, el *borscht* ruso, el *krupnik* lituano o la *minestrone del Sabato* se solían servir durante la cena del viernes. Las sopas se suelen cocer a fuego lento durante toda la noche y se sirven para la comida del sabbat. Los judíos marroquíes preparan *harira*, una sopa rica en legumbres, para el Yom Kippur, y los argelinos preparan *boketof*, una sopa de verdura y vermicelli, para romper el ayuno del Tisha b'Av.

Hay cuatro categorías de sopas judías: sopas frías, como las de fruta frías que se sirven en Europa central y oriental; sopas o caldos sencillos preparados con agua o caldo y que suelen incluir albóndigas varias; purés, normalmente enriquecidos con crema agria o yogur; y sopas contundentes de cereales y legumbres que constituyen platos únicos por sí mismas.

IRÁN

Sopa fría de pepino y yogur con menta fresca

Ab-doogh kheeyah

4 pepinos pequeños

400 g de yogur escurrido

225 ml de agua helada

1 diente de ajo, majado (opcional)

2 cucharadas de cebollino, picado fino

2 cucharadas de eneldo, picado fino

2 cucharadas de menta fresca, picada fina

sal y pimienta negra recién molida

Se pueden encontrar variantes de esta refrescante sopa de verano en todo Oriente Medio y Próximo. A veces se añaden pasas sultanas (doradas) y nueces o se sustituye el cebollino por cebolletas. Hay cocineros a quienes les gusta añadir unos cuantos cubitos de hielo a la sopa justo antes de servirla.

—

Pele los pepinos y trocéelos en daditos muy pequeños o rállelos.

Bata el yogur con el agua helada en un cuenco hasta que la mezcla sea suave y cremosa. Añada el pepino, el ajo y las hierbas y salpimiente. Refrigere bien antes de servir.

Para 4 personas

HUNGRÍA

Sopa fría de cerezas ácidas

Meggyleves

450 g de cerezas ácidas, preferiblemente de Morello, deshuesadas

225 ml de vino tinto

4 cucharadas de azúcar, o al gusto

1 rama de canela

4-5 clavos

30 g de harina de patata o de maíz

225 ml de crema agria o *smetana*

Las sopas de frutas son habituales en toda Europa central y oriental, y se usan cerezas, albaricoques, ciruelas, manzanas, ruibarbo y bayas de todo tipo. Algunas se espesan con harina y otras con huevo, y se usa vino blanco o tinto en función del color de la fruta. Tradicionalmente, se sirven al principio de la comida, para abrir el apetito, o después del plato principal, para refrescar el paladar, como un sorbete. También son un tentempié estupendo a media tarde. Las sopas de fruta se pueden servir calientes o frías, con un poco de crema agria, *crème fraîche* o yogur escurrido.

—

Deposite las cerezas en una cazuela con el vino tinto, el azúcar, la canela y el clavo. Añada 1 litro de agua y lleve a ebullición. Cueza a fuego lento durante 10 minutos o hasta que las cerezas se ablanden.

En un cuenco pequeño, mezcle la harina de patata con un poco de agua fría hasta obtener una pasta lisa y, entonces, añada poco a poco un par de cucharones de la sopa caliente. Devuelva esta mezcla a la cazuela y cueza a fuego lento, sin que llegue a hervir, hasta que la sopa se espese. Retire la rama de canela y los clavos, deje enfriar y refrigere completamente. Sirva en cuencos individuales con crema agria para acompañar.

Para 4 personas

POLONIA Y LITUANIA

Sopa asquenazí de remolacha
Borscht

450 g de remolacha cruda

3 cucharadas de jugo de limón, o al gusto

2-3 cucharaditas de azúcar, o al gusto

3 yemas de huevo

sal y pimienta negra recién molida

patatas cocidas o en puré, para servir

Hay múltiples variantes de esta sopa asquenazí. A veces se prescinde de los huevos y la sopa se sirve fría, con una cucharada de crema agria. Otros cocineros prefieren añadir un poco de cebolla o de manzana rallada, pero en esta receta la sopa se espesa con yemas de huevo y se sirve caliente, con patatas cocidas o en puré.

—

Pele las remolachas y córtelas en rodajas finas. Métalas en una cazuela grande con 1 litro de agua y lleve a ebullición. Cubra la cazuela y deje hervir a fuego lento durante 30 minutos o hasta que la remolacha esté blanda y el líquido se haya vuelto rojo oscuro. Cuele la sopa y deseche la remolacha.

Devuelva la sopa a la olla y añada el jugo de limón y el azúcar. Bata las yemas de huevo en un cuenco y añada poco a poco un cucharón de sopa caliente. Vuelva a verter la mezcla en la olla y remueva bien. Caliente la sopa, pero no deje que hierva, para evitar que el huevo se cuaje. Salpimiente y sirva caliente con patatas cocidas o en puré.

Para 3-4 personas

RUSIA

Sopa rusa de col
Shchi

2 cucharadas de mantequilla
1 cebolla grande, picada fina
2 dientes de ajo, picados finos
1 col verde o blanca, de unos 450 g, en juliana
1 zanahoria mediana, rallada gruesa
2 patatas «harinosas» medianas, peladas y cortadas en dados
3 tomates de pera maduros, pelados, sin semillas y troceados
2 hojas de laurel
1 litro de caldo vegetal o de agua
sal y pimienta negra recién molida
2 cucharadas de eneldo o de perejil, finamente picado
crema agria o *smetana*, para servir

El *shchi* es una de las sopas más conocidas de Rusia. Se suele preparar con col blanca o verde, pero en algunas variantes se usan otras verduras de hoja verde, como espinacas, acedera u ortigas. Habitualmente, el *shchi* se sirve acompañado de crema agria, o *smetana*, y pan negro.

—

Caliente la mantequilla en una cazuela grande y añada la cebolla y el ajo. Sofría a fuego medio hasta que la cebolla se vuelva transparente. Añada la col y la zanahoria y prolongue la cocción durante unos minutos, removiendo de vez en cuando para que la verdura se cueza de manera uniforme. Añada la patata, el tomate, el laurel y el caldo y lleve a ebullición. Salpimiente, cubra la cazuela y deje hervir a fuego lento durante 20-25 minutos más y, si la sopa le parece demasiado espesa, añada un poco de agua. Sirva caliente en cuencos individuales, adornados con eneldo o perejil y una cucharada de crema agria.

Para 4 personas

REPÚBLICA CHECA

Sopa de coliflor con crema agria y gruyer

Karfiol polievka

1 coliflor mediana, en floretes
1 litro de agua caliente
2 cucharadas de mantequilla
2 cucharadas de harina
nuez moscada rallada
sal y pimienta negra recién molida
queso gruyer recién rallado, crema agria y perejil picado fino, para servir

Esta cremosa sopa de coliflor es muy fácil y rápida de preparar. A veces, justo antes de servirla se añade un poco de queso gruyer, que le aporta un sabor delicioso.

—

Deposite los floretes de coliflor en una cazuela grande con el agua caliente y lleve a ebullición. Tape la cazuela y lleve a ebullición durante 15 minutos o hasta que la coliflor esté tierna. Pase la crema por un chino o tritúrela con una batidora.

Derrita la mantequilla en una sartén pequeña y añada la harina. Prolongue la cocción a fuego moderado durante 2-3 minutos, sin dejar que se tueste. Añada poco a poco un cucharón de la sopa caliente, removiendo constantemente para evitar que se formen grumos. Vuelva a meter la mezcla en la cazuela con la sopa caliente y remueva bien. Cueza a fuego lento durante 10 minutos y añada un poco más de agua si le parece que la sopa es demasiado espesa. Condimente con la nuez moscada, la sal y la pimienta y cueza durante 5 minutos más, sin dejar que hierva. Añada el queso rallado y sirva la sopa inmediatamente, con una cucharada de crema agria y una pizca de perejil.

Para 4 personas

ARGELIA

Sopa de ajo pied-noir
Soupe à l'ail

2 cucharadas de aceite de oliva virgen extra
8 dientes de ajo, picados finos
1 litro de agua caliente
75 g de vermicelli
sal y pimienta negra recién molida
2 yemas de huevo
50 g de queso gruyer rallado

Originalmente, el término *pied-noir* (pie negro) aludía a los colonos franceses en Argelia en el siglo XIX, pero luego se aplicó a todas las personas de origen francés, italiano, español o portugués (la mayoría de las cuales eran judías) que vivían en el Magreb. Los judíos andaluces preparan una sopa parecida a esta, pero sin los vermicelli y el queso, a la que llaman sopa Maimónides.

—

Caliente el aceite de oliva en una cazuela grande y sofría el ajo a fuego medio durante 1-2 minutos, sin que se tueste. Añada el agua caliente y lleve a ebullición. Tape la cazuela y deje que cueza a fuego lento durante 10 minutos antes de volver a llevarla a plena ebullición. Cuando esté hirviendo, añada los vermicelli, salpimiente y cueza durante 10 minutos más o hasta que la pasta esté al dente.

Bata las yemas de huevo en un cuenco pequeño y añada poco a poco un cucharón de sopa caliente, sin dejar de remover. Devuelva a la cazuela y remueva bien. Caliente la sopa de nuevo, pero no deje que hierva, para evitar que el huevo se cuaje. Añada el queso rallado y sirva inmediatamente.

Para 4 personas

TURQUÍA

Sopa de tomate con patatas y perejil
Sopa de tomate

2 cucharadas de aceite de oliva virgen extra

2 cebollas medianas, troceadas

1 zanahoria, rallada gruesa

2 patatas medianas, peladas y cortadas en dados

675 g de tomates de pera maduros, pelados, sin semillas y troceados

un puñado de perejil de hoja plana picado fino, y un poco más, para servir

1 litro de caldo de verduras o de agua

una pizca de azúcar

sal y pimienta negra recién molida

Esta sopa de tomate es un clásico con un sabor y una textura fantásticos. Es preferible usar tomates frescos.

—

Caliente el aceite de oliva en una cazuela grande y sofría las cebollas y la zanahoria a fuego medio durante 5 minutos. Añada las patatas, los tomates, el perejil y el caldo y lleve a ebullición. Agregue el azúcar y salpimiente. Tape la cazuela y cueza a fuego lento durante 30 minutos. Pase la sopa por el chino o tritúrela en una batidora.

Devuelva la sopa a la cazuela y caliéntela. Si le parece demasiado espesa, añada un poco de agua caliente. Sirva caliente, espolvoreada con un poco de perejil.

Para 4-6 personas

MARRUECOS

Sopa de habas norteafricana
Bessara

350 g de habas secas, sin piel y en mitades

4-5 dientes de ajo, majados

2 cebollas medianas, picadas

40 g de perejil de hoja plana, picado fino

1 cucharadita de comino molido

½ cucharadita de pimentón

¼ de cucharadita de cayena

sal

4 cucharadas de aceite de oliva virgen extra

Los judíos de todo el norte de África preparan *bessara* o *bichra* (sopa de habas). En Egipto, suele incluir una mezcla de cilantro, perejil, eneldo, menta y mulujíe seca (se puede encontrar en la mayoría de colmados de Oriente Medio y africanos). Los judíos tunecinos suelen añadir un poco de patata a la sopa y la especian con la potente harissa. La receta procede de Fez (Marruecos), donde se suele servir para el Sucot o durante la Pascua judía. Las habas secas sin piel y en mitades son las más adecuadas para esta receta y están disponibles en los colmados de Oriente Medio y en algunas tiendas de frutos secos y legumbres a granel.

—

Ponga las habas en remojo durante 2 horas y escúrralas. Deposítelas en una cazuela grande con el ajo, la cebolla, el perejil y 1 litro de agua. Lleve a ebullición. Tape la cazuela y cueza a fuego lento durante 2 horas o hasta que las habas estén tiernas. Páselo todo por un chino o tritúrelo con una batidora y devuelva la sopa a la cazuela. La sopa terminada debería ser muy espesa, pero añada un poco de agua caliente si le parece que lo es en exceso. Añada las especias y sazone. Cueza a fuego lento durante 10 minutos más para que los sabores se mezclen bien. Añada el aceite de oliva justo antes de servir.

Para 4 personas

LITUANIA

Sopa de setas silvestres y de cebada

Krupnik

115 g de hongos blancos deshidratados

65 g de cebada perlada

2 cucharadas de mantequilla

1 cebolla mediana, picada

1 zanahoria, en dados

1 tallo de apio, en dados

2 patatas medianas, peladas y cortadas en dados

75 g de judías verdes, sin los extremos y cortadas en trozos de 2 cm

1,25 litros de caldo de verduras

sal y pimienta negra recién molida

2 cucharadas de perejil de hoja plana, picado fino

crema agria o *smetana*, para servir (opcional)

Esta clásica sopa de invierno es una de las preferidas de los judíos de Lituania, Polonia y Ucrania. Las recetas varían desde una sencilla sopa elaborada con setas deshidratadas, cebollas y avena hasta una sopa de verduras más espesa, como esta de Lituania, que incluye zanahorias, patatas, apio y judías verdes. En Europa oriental, el *krupnik* se suele servir durante el Sucot, una festividad que normalmente coincide con las primeras heladas, por lo que es importante servir sopas que ayuden a entrar en calor.

—

Ponga los hongos en remojo en un poco de agua caliente durante 30 minutos o hasta que estén blandos. Escúrralos y reserve el líquido. Trocee los hongos toscamente.

Deposite la cebada en un cuenco pequeño y cúbrala con agua. Déjela en remojo durante 30 minutos y escúrrala.

Funda la mantequilla en una cazuela grande y saltee la cebolla, la zanahoria y el apio a fuego moderado durante 5 minutos. Añada los hongos, la cebada, las patatas, las judías verdes, el caldo y el agua del remojo de los hongos y lleve a ebullición. Tape la cazuela y deje hervir a fuego lento durante 1 hora o 1 hora y media o hasta que la cebada esté blanda y la sopa haya espesado ligeramente. Salpimiente. Sirva caliente y adornada con el perejil y una cucharada de crema agria, si lo desea.

Para 4 personas

GRECIA

Sopa de judías blancas con tomates y chile

Sopa de avikas

300 g de alubias blancas gigantes
2 dientes de ajo, picados finos
1 cebolla grande, picada
1 chile rojo pequeño, sin semillas y picado
250 g de tomates maduros, pelados y troceados
½ cucharadita de orégano seco
2 hojas de laurel
un puñado de perejil de hoja plana, picado fino
4 cucharadas de aceite de oliva virgen extra
sal y pimienta negra recién molida
limón en cuñas, para servir

Esta sopa, parecida a la célebre *fassolada* griega, fue adoptada por los judíos griegos, que solían servirla para el almuerzo del sabbat, ya que se podía cocinar muy lentamente durante la noche. Esta receta procede de Tesalónica, donde les gusta dar un toque de chile a la sopa. Se suele preparar con alubias blancas gigantes. Si no las encuentra, puede usar alubias blancas normales.

—

Ponga las alubias en remojo durante la noche y escúrralas.

Deposite las alubias en una cazuela grande con 1,25 litros de agua y lleve a ebullición. Añada el ajo, la cebolla, el chile, los tomates, el orégano, las hojas de laurel y la mitad del perejil. Tape la cazuela y cueza a fuego lento durante 1 hora y media o 2 horas o hasta que las alubias estén tiernas. Añada un poco de agua caliente si la sopa le parece demasiado espesa. Agregue el resto del perejil y cueza a fuego lento durante 5 minutos más. Justo antes de servir, añada el aceite de oliva, salpimiente y sirva bien caliente, con las cuñas de limón al lado.

Para 4 personas

IRÁN

Sopa de cebolla iraní con fenogreco y menta

Eshkeneh

3 cucharadas de mantequilla o de *ghee* (mantequilla clarificada)

3 cebollas grandes, en láminas finas

2 cucharadas de harina

1 cucharadita de cúrcuma molida

1 cucharadita de fenogreco seco

1 litro de agua caliente, aproximadamente

sal y pimienta negra recién molida

2 huevos

3 cucharadas de menta, picada fina

Se dice que esta sopa se remonta al siglo III a.C. y lleva el nombre de los arsácidas (arshakuníes), que gobernaron el Imperio arsácida que se extendía desde Armenia hasta Afganistán. Históricamente, se creía que las cebollas otorgaban a los varones valor y fuerza y todo apunta a que esta sopa era uno de los alimentos básicos de los guerreros arsácidas. En la actualidad la disfrutan tanto iraníes como judíos y se suele servir con pan *lavash* o de pita y con cuñas de limón o un chorrito de vinagre.

—

Derrita la mantequilla en una cazuela de fondo grueso, añada la cebolla y sofríala a fuego lento durante 30-40 minutos o hasta que se empiece a caramelizar. Añada la harina, la cúrcuma y el fenogreco, removiendo constantemente para evitar la formación de grumos. Incorpore gradualmente el agua caliente y lleve a ebullición. Salpimiente y cueza a fuego lento durante 45 minutos más.

Bata ligeramente los huevos en un cuenco y añada poco a poco un cucharón de la sopa caliente, sin dejar de remover. Vierta la mezcla con el huevo en la sopa y caliente bien, pero sin que hierva, para evitar que se cuaje. Sirva la sopa caliente, aderezada con la menta.

Para 4 personas

TURQUÍA

Sopa de calabaza con yogur y cebollino

Sopa de balkabak

2 cucharadas de aceite de oliva virgen extra

1 cebolla mediana, picada

1 puerro, solo la parte blanca, en rodajas finas

2 dientes de ajo, picados finos

900 g de calabaza, sin semillas y en dados

½ cucharadita de canela molida

½ cucharadita de pimienta de Jamaica molida

½ cucharadita de azúcar, o al gusto

sal y pimienta negra recién molida

4 cucharadas de yogur

2 cucharadas de cebollino, picado fino

Tradicionalmente, esta clásica sopa de calabaza se sirve en el Sucot, el Festival de la cosecha. Tiene los delicados sabores de la canela y de la pimienta de Jamaica y se sirve con una cucharada de yogur espeso y cremoso y una pizca de cebollino picado.

—

Caliente el aceite de oliva en una cazuela grande y sofría la cebolla, el puerro y el ajo a fuego medio, hasta que se ablanden. Añada la calabaza, las especias, el azúcar y 1 litro de agua. Lleve a ebullición. Tape la cazuela y cueza a fuego lento durante 30 minutos. Pase la sopa por el chino o tritúrela con una batidora.

Devuelva la sopa a la cazuela y salpimiéntela. Caliéntela bien y añada un poco más de agua si la sopa es demasiado espesa.

Sirva en platos soperos individuales, con una cucharada de yogur y una pizca de cebollino picado.

Para 4 personas

ALEMANIA Y AUSTRIA

Sopa asquenazí de arvejas partidas

Erbsensuppe

200 g de arvejas verdes partidas

4 cucharadas de mantequilla

1 cebolla mediana, picada

1 puerro pequeño, incluida la parte verde, en rodajas finas

1 zanahoria, pelada y en rodajas finas

1 patata mediana, pelada y en dados

1 nabo, pelado y en dados

1 litro de agua caliente

sal y pimienta negra recién molida

aceite de oliva virgen extra, para aliñar

Esta reconfortante sopa de invierno se suele servir acompañada de pan de centeno.

—

Ponga las arvejas en remojo durante 2 horas y, luego, escúrralas.

Funda la mitad de la mantequilla en una cazuela grande y sofría la cebolla y el puerro a fuego moderado hasta que se ablanden. Añada la zanahoria, la patata, el nabo, las arvejas y el agua caliente y lleve a ebullición. Tape la cazuela y deje hervir a fuego lento durante 1 hora y media o hasta que las arvejas estén tiernas. Pase la sopa por un chino o tritúrela con una batidora.

Devuelva la sopa a la cazuela, caliéntela bien y añada un poco más de agua si le parece que está demasiado espesa. Agregue el resto de la mantequilla y salpimiente. Sirva caliente, con un chorrito de aceite de oliva.

Para 4 personas

RUMANÍA Y HUNGRÍA

Sopa de acedera
Schav borscht

125 g de hojas de acedera
450 g de patatas, peladas y cortadas en dados
1 cebolla, picada
1 litro de caldo vegetal o de agua
2 cucharaditas de azúcar, o al gusto
sal y pimienta negra recién molida
125 ml de crema agria o *smetana*

Judíos de toda Europa oriental cocinan esta sopa originaria de Transilvania que, tradicionalmente, se prepara para la Shavuot. Algunas variantes incluyen huevo batido y otras se sirven acompañadas de puré de patatas. Si no encuentra acedera, use espinacas o berros y una cucharada o dos de jugo de limón, aunque el sabor ácido no será igual.

—

Enjuague la acedera y deseche los tallos duros. Trocéela toscamente.

Meta las patatas y la cebolla en una cazuela grande, con el caldo. Lleve a ebullición, tape la cazuela y deje hervir a fuego lento durante 30 minutos. Añada la acedera y el azúcar, prolongue la cocción a fuego lento durante 5 minutos más y salpimiente. Pase las patatas por un pasapurés o triture la sopa con una batidora o en un robot de cocina.

Devuelva la sopa a la cazuela y caliéntela bien. Si la sopa está demasiado espesa, agregue un poco más de agua. Retire del fuego y añada la crema agria. Sírvala fría o caliente.

Para 4 personas

ARGELIA

Sopa argelina de verduras
Boketof

4 cucharadas de aceite de oliva virgen extra

2 cebollas medianas, picadas

2 dientes de ajo, picados finos

3 calabacines, sin las puntas y en dados

250 g de patatas, peladas y en dados pequeños

2 tomates maduros, pelados y troceados

1 hoja de laurel

1-2 cucharaditas de harissa (página 36), o al gusto

1 cucharadita de pimentón

½ cucharadita de cilantro molido

1,25 litros de agua caliente

1 cucharada de puré de tomate concentrado, disuelto en un poco de agua caliente

sal y pimienta negra recién molida

100 g de espaguetis, en trozos de 2 cm

el jugo de 1 limón, o al gusto

2 cucharaditas de hojas de menta, picadas finas

2 cucharadas de hojas de albahaca, troceadas

Esta sopa se suele servir durante el festival de Tisha b'Av, que siempre se celebra con una comida con lácteos. A veces, el *boketof* se prepara con alubias frescas o secas en lugar de patatas.

—

Caliente el aceite de oliva en una cazuela grande y sofría las cebollas y el ajo a fuego moderado durante 2 minutos. Añada los calabacines, las patatas, los tomates y la hoja de laurel, y luego la harissa, el pimentón y el cilantro. Remueva bien. Agregue el agua caliente y el tomate concentrado y lleve a ebullición. Tape la cazuela y hierva a fuego lento durante 1 hora; entonces, vuelva a llevar la sopa a ebullición. Salpimente, añada los espagueti y cuézalos durante 10 minutos o hasta que estén al dente. Justo antes de servir la sopa, añada el jugo de limón, la menta y la albahaca. Sírvala caliente.

Para 4-5 personas

MARRUECOS

Sopa de lentejas y arroz para el Yom Kippur

Harira de Kippur

200 g de lentejas enteras

4 cucharadas de mantequilla o de *ghee*

2 cebollas medianas, picadas

2 dientes de ajo, picados finos

2 tallos de apio con las hojas, en rodajas finas

1 cucharadita de cilantro molido

½ cucharadita de cúrcuma molida

½ cucharadita de hebras de azafrán, disueltas en 2 cucharadas de agua caliente

450 g de tomates de pera maduros, pelados y pasados por un chino o triturados en un robot de cocina

1,25 litros de agua caliente

75 g de arroz de grano largo, orzo o vermicelli, en trozos de 2 cm

sal y pimienta negra recién molida

1 ½ cucharada de harina

el jugo de 1 limón, al gusto

2 cucharadas de perejil de hoja plana, picado fino

2 cucharadas de cilantro, picado fino

Esta nutritiva sopa es, originalmente, un plato beduino que adoptaron los musulmanes árabes y luego los judíos. Tradicionalmente, la *harira* se servía para romper el ayuno, durante el ramadán o para el Yom Kippur, pero ahora se sirve durante todo el año, para desayunar, almorzar o cenar. Hay múltiples versiones de la *harira*, pero se suele preparar con lentejas o garbanzos, tomates, cebolla, ajo, hierbas y especias, espesada con harina y aliñada delicadamente con jugo de limón. A veces se usan vermicelli u orzo (pasta con la forma y el tamaño de granos de arroz) en lugar de arroz.

—

Ponga las lentejas en remojo durante 2 horas y escúrralas.

Funda la mantequilla en una cazuela grande y añada la cebolla, el ajo y el apio. Sofría a fuego moderado durante 2-3 minutos. Añada el cilantro molido, la cúrcuma, el azafrán líquido y los tomates. Remueva. Añada las lentejas y el agua caliente y lleve a ebullición. Tape la cazuela y cueza a fuego lento durante 1 hora o hasta que las lentejas estén blandas. Añada el arroz y salpimiente. Deje cocer a fuego lento durante 15 minutos más o hasta que el arroz esté al dente.

Pase la harina a un cuenco pequeño y mézclela con el agua fría suficiente para obtener una pasta lisa. Añada unas cuantas cucharadas de la sopa caliente y remueva bien. Vuelva a meter la mezcla en la cazuela y caliente a fuego lento durante 10 minutos más o hasta que la harina se haya cocido y la sopa haya espesado ligeramente. Añada el jugo de limón y las hierbas, remueva y sirva caliente.

Para 4-6 personas

ITALIA

Minestrone de sabbat

Minestrone del Sabato

3 cucharadas de aceite de oliva virgen extra

1 cebolla mediana, picada

2 dientes de ajo, picados finos

1 tallo de apio, en dados

1 cucharadita de orégano, picado fino

1 zanahoria, en dados

2 calabacines medianos, en dados

1 patata mediana, pelada y en dados

100 g de alubias blancas

100 g de guisantes frescos o congelados

400 g de tomates de pera maduros, pelados y troceados

250 g de espinacas, en tiras de 2 cm

50 g de espagueti o vermicelli, en trozos de 2 cm

sal y pimienta negra recién molida

queso pecorino o parmesano recién rallado

Esta sopa minestrone clásica procede de la comunidad judía de Roma. Una buena minestrone ha de ser espesa gracias a las verduras, la pasta o el arroz y jamás debe quedar clara. Las verduras pueden variar en función de la estación: puede usar también nabo, puerro, col, habas, acelgas y hojas de remolacha, por ejemplo.

—

Caliente el aceite de oliva en una cazuela grande y sofría la cebolla, el ajo, el apio y el orégano a fuego medio durante 2 minutos. Añada la zanahoria, el calabacín, la patata, las alubias, los guisantes, el tomate, las espinacas y 1 litro de agua. Lleve a ebullición. Tape la cazuela y cueza a fuego lento durante 1 hora y media, añada la pasta y salpimiente. Cueza durante 15 minutos más o hasta que la pasta esté al dente. Sirva caliente, con el queso rallado para acompañar.

Para 4 personas

Pasta y dumplings

> «Donde comen tres, comen cuatro.»
> PROVERBIO JUDEOESPAÑOL

No se sabe con seguridad cuál es el origen de la pasta. Los antiguos griegos y romanos preparaban *itria* o *lagani*, unas tiras de masa elaboradas con harina y agua, pero se desconoce si las hervían en agua, como se hace con la pasta. Textos árabes del siglo X mencionan *itriyeh* (cintas de masa seca) y manuscritos medievales posteriores hablan de cintas de pasta fresca llamadas *rishteh*, que significa «tiras». Ciertamente, los judíos de Renania preparan pasta desde el siglo XIV, probablemente tras la introducción por parte de mercaderes judíos italianos. Algunos de los primeros nombres para la pasta fueron *frimzeli*, *grimseli* y *vermesel*, todos ellos derivados de los vermicelli italianos. El nombre yiddish de *lokschen* procede del persa *lakhshah*. Los *lokschen* se suelen cortar en cintas largas y finas, pero a veces se rallan en granitos y reciben el nombre de *farfel*.

Se cree que los *dumplings* evolucionaron en distintas cocinas campesinas de todo el mundo, nacidos de la necesidad compartida de aumentar el valor calórico de un plato de la manera más económica posible. Los hay de distintos tipos y constituyen, desde hace mucho tiempo, un alimento básico en Europa central y oriental. Pueden ser de masa sin más o estar rellenos, ser dulces o salados y estar hechos con pan, patatas o cereales. Las *pampushkas* ucranianas, una variación de las *kartoffel klischkes* polacas, se suelen preparar con una mezcla de patatas ralladas y de puré de patatas, se rellenan con requesón y se fríen en la sartén. Como era de esperar, los judíos italianos prepararan una amplia variedad de ñoquis con patatas, sémola o una mezcla de espinacas y queso ricotta.

FRANCIA

Tallarines de huevo alsacianos

Frimsels

4 cucharadas de mantequilla
sal y pimienta negra recién molida
crème fraîche y queso gruyer rallado, para servir

Para la pasta
250 g de harina sin blanquear
3 huevos grandes
¼ de cucharadita de sal

Estos tallarines se preparan en Alsacia desde el siglo XIV. Tradicionalmente, se hierven en agua o en leche y se sirven con la mantequilla fundida, pero en esta receta se sirven con una cucharada de *crème fraîche* y gruyer rallado.

—

Para elaborar la pasta, haga un montículo con la harina sobre una tabla de madera o una superficie de trabajo grande y haga un agujero en el centro (como el cráter de un volcán). Vierta los huevos de uno en uno en el agujero y añada la sal. Bata gradualmente la harina con un tenedor y forme una bola blanda. Amase bien durante 10 minutos o hasta que la masa quede lisa y elástica. No añada demasiada harina, o le resultará muy difícil extender la masa. Si le parece que la masa está demasiado seca, añada una cucharadita de agua. Envuelva la bola de masa en un paño húmedo y déjela reposar durante 30 minutos.

Para hacer los tallarines, separe la masa en cuatro partes. Cubra con el paño 3 de ellas y, con un rodillo largo, estire la otra, haciendo cuartos de vuelta, para formar un círculo. Cuando la masa haya quedado muy lisa y regular, déjela secar durante 15 minutos, para evitar que se pegue. Corte tiras de 3 mm de ancho. Disponga las tiras de pasta sobre un paño y deje que se sequen. Repita el proceso con las otras 3 partes de masa.

Hierva las cintas en abundante agua con un poco de sal hasta que estén al dente. Escúrralas y páselas a una fuente de servir. Esparza la mantequilla por encima y salpimiente. Remueva con suavidad y sirva inmediatamente, con la *crème fraîche* y el queso rallado.

Para 4 personas

ITALIA

Tallarines con alcachofas
Tagliatelle con i carciofi

8-9 fondos de alcachofa congelados, descongelados

3 cucharadas de aceite de oliva virgen extra

3 cucharadas de mantequilla

2 dientes de ajo, picados finos

3 cucharadas de perejil de hoja plana, picado fino

sal y pimienta negra recién molida

queso parmesano recién rallado, para servir

Para los tallarines

250 g de harina 00

3 huevos grandes

¼ de cucharadita de sal

Esta salsa es muy sencilla y rápida de preparar, gracias a los fondos de alcachofa congelados que se cortan en láminas finas y se fríen en una mezcla de aceite de oliva extra virgen y de mantequilla, aromatizada con ajo y perejil. Intente usar un aceite de oliva extra virgen de calidad y afrutado.

—

Para elaborar los tallarines, siga las instrucciones de la página 86. Estire la masa hasta que quede muy fina y déjela secar durante 15 minutos. Entonces, enróllela y córtela en cintas de 5 mm de ancho.

Para la salsa, corte en rodajas muy finas los fondos de alcachofa. Caliente el aceite de oliva y la mitad de la mantequilla en una sartén grande y añada el ajo, el perejil y la alcachofa. Remueva bien, para que queden bien cubiertos de aceite y mantequilla. Salpimiente. Sofría a fuego lento hasta que las alcachofas se empiecen a dorar y añada 3-4 cucharadas de agua. Deje hervir a fuego lento unos cuantos minutos más.

Mientras, hierva los tallarines en abundante agua con un poco de sal hasta que estén al dente. Escúrralos y páselos a una fuente de servir caliente. Esparza por encima el resto de la mantequilla. Vierta la salsa sobre la pasta y sírvala inmediatamente, con queso parmesano rallado para acompañar.

Para 4 personas

TÚNEZ

Tallarines de azafrán con tomates y harissa

Reuchtas

3 cucharadas de aceite de oliva virgen extra

1 cebolla mediana, picada fina

5-6 dientes de ajo, picados finos

½ cucharadita de harissa (página 36), o al gusto

675 g de tomates maduros, pelados y troceados

sal

Para los tallarines de azafrán

250 g de sémola fina o de sémola fina y harina sin blanquear a partes iguales

½ cucharadita de azafrán en polvo

2 huevos grandes

2 yemas de huevo

½ cucharadita de sal

Estos tallarines dorados se suelen preparar con sémola fina en lugar de harina, pero también se pueden elaborar con una mezcla de las dos. Puede servirlos con queso parmesano recién rallado para acompañar, si lo desea.

—

Para los tallarines de azafrán, siga las instrucciones de la página 86 y bata el azafrán con los huevos y las yemas de huevo antes de mezclarlos con la sémola. Estire la masa hasta que quede muy fina, déjela secar durante 15 minutos y, entonces, enróllela y córtela en cintas de 1 cm de ancho.

Caliente el aceite de oliva en una sartén grande, añada la cebolla y sofríala a fuego medio hasta que se ablande. Agregue el ajo y la harissa y sofría durante 2 minutos más, añada el tomate y sazone. Sofría a fuego medio durante 10 minutos o hasta que la salsa espese.

Hierva los tallarines en abundante agua con un poco de sal hasta que estén al dente. Escúrralos y páselos a una fuente de servir caliente. Vierta la salsa de tomate por encima, remueva con suavidad y sirva inmediatamente.

Para 4 personas

HUNGRÍA

Cuadrados de pasta húngaros con col

Kaposztas koczka

600 g de col
50 g de mantequilla
2 cucharaditas de azúcar
sal y pimienta negra recién molida

Para la pasta
250 g de harina sin blanquear
3 huevos grandes
½ cucharadita de sal

Los húngaros usan un tipo de pasta distinto para prácticamente cada plato de pasta, así que el *kaposztas koczka* se prepara siempre con cuadrados de pasta de huevo. La proporción exacta entre la pasta y la col puede variar, pero los expertos afirman que la pasta manda.

—

Ralle la col y sazónela ligeramente. Deposítela en un colador sobre un recipiente y déjala reposar durante 30 minutos.

Para la pasta, siga las instrucciones de la página 86. Estire la masa hasta que quede muy fina, déjala secar durante 15 minutos y, entonces, enróllela y córtela en cintas de 2 cm de ancho. Luego, córtelas en cuadrados de 2 cm.

Escurra con cuidado el exceso de líquido de la col rallada. Funda la mantequilla en una sartén grande. Añada el azúcar y espere a que se caramelice. Agregue la col y salpimiente abundantemente. Tape la sartén y cueza a fuego medio hasta que la col se haya ablandado o empiece a adquirir una tonalidad dorada-marrón. Remueva de vez en cuando, para que la cocción sea homogénea y la col no se pegue.

Hierva los cuadrados de pasta en abundante agua con un poco de sal hasta que estén al dente. Escúrralos bien. Añada la col y remueva bien, para que la pasta quede untada de mantequilla caliente. Sirva inmediatamente.

Para 4 personas

POLONIA Y LITUANIA

Tallarines de huevo con semillas de amapola

Kluski z makiem

3 cucharadas de mantequilla
65 g de semillas de amapola
2-3 cucharadas de azúcar o de miel

Para los tallarines de huevo
250 g de mantequilla sin blanquear
3 huevos
una pizca de sal

Este plato es muy fácil de preparar y sorprendentemente delicioso. Las mejores semillas de amapola son de color azul oscuro y tienen un suave sabor a nuez. Se pueden encontrar en la mayoría de tiendas de alimentación saludable y en las buenas delicatesen.

—

Para elaborar los tallarines, siga las instrucciones de la página 86. Estire la masa hasta que quede muy fina y déjela secar durante 15 minutos. Enróllela y córtela en cintas de 1 cm de ancho.

Hiérvalas en abundante agua con un poco de sal hasta que estén al dente. Escúrralas y páselas a una fuente de servir caliente. Esparza la mantequilla por encima y añada las semillas de amapola y el azúcar. Remueva con suavidad y sirva inmediatamente.

Para 4 personas

ITALIA

Espaguetis integrales con puerros, pimientos y tomates cherry

Bigoli in salsa saporita

3 cucharadas de aceite de oliva virgen extra

3 dientes de ajo, picados finos

2 puerros, solo la parte blanca, sin la punta y en rodajas finas

2 pimientos rojos o verdes, sin las fibras blancas ni las semillas y en tiras

450 g de tomates cherry muy maduros, cortados por la mitad

75 g de olivas negras y verdes, deshuesadas y laminadas

8 hojas de albahaca troceadas

sal y pimienta negra recién molida

450 g de espaguetis integrales o 100 por cien de grano duro

1-2 cucharadas de mantequilla, en dados

queso parmesano recién rallado, para servir

Los *bigoli* son típicos de Venecia y Mantua. Son una pasta parecida a los espaguetis que se prepara con trigo integral, harina, huevos, un poco de agua caliente y sal. Tradicionalmente, la masa no se estira, sino que se pasa por una prensa llamada *bigolaro*, de la que sale en forma de largos y gruesos espaguetis huecos. Puede usar espaguetis integrales comerciales o, si lo prefiere, usar espagueti de grano duro.

—

Caliente el aceite de oliva en una sartén grande y sofría el ajo y los puerros a fuego medio hasta que se empiecen a dorar. Añada los pimientos, tape la sartén y cueza a fuego lento durante 20 minutos o hasta que estén tiernos. Añada los tomates y las olivas y deje al fuego durante 5 minutos más. Añada la albahaca y salpimiente.

Mientras, hierva los espagueti en abundante agua con un poco de sal hasta que estén al dente. Escúrralos y páselos a una fuente caliente. Esparza los dados de mantequilla por encima y vierta la salsa. Sirva inmediatamente, con queso parmesano rallado para acompañar.

Para 4 personas

SIRIA

Tallarines con lentejas y cebolla caramelizada

Rishta b'adas

200 g de lentejas

4 cucharadas de aceite de oliva virgen extra

2 cebollas largas, picadas finas

3-4 dientes de ajo, majados

un puñado de perejil de hoja plana o de cilantro, picado fino, y un poco más para adornar

½ cucharadita de comino molido

½ cucharadita de pimienta de Jamaica molida

sal y pimienta negra recién molida

225 g de tallarines de huevo

Este nutritivo plato se sirve acompañado de una ensalada verde y es perfecto para un almuerzo familiar.

—

Ponga las lentejas en remojo durante 2 horas y escúrralas. Hiérvalas durante 45 minutos o hasta que estén tiernas. Escúrralas y resérvelas.

Caliente el aceite en una sartén grande y sofría la cebolla a fuego medio hasta que se dore. Añada el ajo, el perejil y las especias y salpimiente. Agregue las lentejas y remueva bien. Cueza a fuego lento durante 5 minutos, para que todos los sabores se mezclen bien.

Hierva los tallarines en abundante agua con un poco de sal hasta que estén al dente. Escúrralos bien y añádalos a la salsa de lentejas. Remueva bien y sirva inmediatamente, con el perejil por encima.

Para 3-4 personas

ITALIA

Tagliolini fríos al estilo judío

Tagliolini freddi alla ebraica

3 cucharadas de aceite de oliva virgen extra

2 dientes de ajo

½ chile rojo pequeño, sin semillas y picado fino

un puñado de perejil de hoja plana, picado fino

2 cucharadas de hojas de albahaca troceadas

675 g de tomates de pera maduros, pelados, sin semillas y troceados

sal

2 cucharadas de vinagre balsámico

Para los tagliolini

250 g de harina 00

3 huevos grandes

¼ de cucharadita de sal

Las comunidades judías del centro de Italia, sobre todo en Ancona, donde les gusta especiar la comida con un poco de *peperoncino* o chile, solían preparar este clásico plato para el sabbat. Tradicionalmente, lo cocinaban el viernes y dejaban que absorbiera la salsa durante la noche, antes de servirlo frío para almorzar el sábado. Por supuesto, usted puede servirlo como prefiera, frío o caliente.

—

Para los tagliolini, siga las instrucciones de la página 86. Estire la masa hasta que quede muy fina, déjela secar durante 15 minutos y, entonces, enróllela y córtela en cintas de unos 3 mm de ancho.

Caliente el aceite de oliva en una sartén grande y sofría el ajo y el chile durante 1 minuto. Añada el perejil y la albahaca y sofría durante 2 minutos más. Agregue los tomates y sazone. Deje a fuego medio durante 10 minutos o hasta que la salsa se empiece a espesar. Añada el vinagre y deje hervir a fuego lento durante unos minutos más.

Mientras, hierva los tagliolini en abundante agua con un poco de sal hasta que estén al dente. Escúrralos y páselos a una fuente. Vierta la salsa por encima y remueva con suavidad. Deje reposar durante 30 minutos, para que la pasta absorba la salsa, o refrigérelo durante la noche. Sirva el plato a temperatura ambiente.

Para 4 personas

SIRIA

Keskasoon con garbanzos

Keskasoon

2 cucharadas de aceite de oliva virgen extra

1 cebolla grande, picada fina

2 dientes de ajo, picados finos

300 g de *keskasoon* o de pastina

150 g de garbanzos cocidos y escurridos

400 ml de agua caliente

sal y pimienta negra recién molida

2 cucharadas de mantequilla

El *keskasoon* es una pasta pequeña y redonda que recuerda al cuscús de grano grueso y que, tradicionalmente, se prepara para el Rosh Hashaná (Año Nuevo judío). En esta época del año se sirven alimentos redondos, como guisantes, garbanzos, *keskasoon* o cuscús, porque simbolizan la fertilidad, la prosperidad y la rueda de la vida que gira sin cesar. Si no encuentra *keskasoon*, puede usar pastina, una pasta italiana similar. Al igual que los fideos judeoespañoles, el *keskasoon* se dora en aceite antes de hervirse, como el arroz. Este plato también está muy bueno acompañado de queso parmesano recién rallado.

—

Caliente el aceite de oliva en una sartén grande y sofría la cebolla a fuego medio hasta que se ablande y se empiece a dorar. Añada el ajo y siga sofriendo durante 1-2 minutos sin dejar que se dore. Añada la pasta y cueza durante 3-4 minutos más o hasta que se dore, sin dejar de remover, para evitar que se pegue a la sartén. Añada los garbanzos y el agua cliente y salpimiente. Remueva bien, tape la sartén y deje hervir a fuego lento o hasta que la pasta esté tierna y haya absorbido toda el agua. Pase a una fuente para servir y esparza la mantequilla por encima. Sirva inmediatamente.

Para 4 personas

ITALIA

Ravioli de espinacas y ricotta con pesto y nueces

Ravioli di spinaci e ricotta con pesto

2 cucharadas de mantequilla

queso parmesano recién rallado, para servir

Para la masa de los ravioli

250 g de harina 00

3 huevos

1 cucharada de aceite de oliva virgen extra

una pizca de sal

Para el relleno

450 g de espinacas

350 g de queso ricotta

1 huevo, y 1 yema adicional

50 g de queso parmesano recién rallado

nuez moscada rallada

sal y pimienta negra recién molida

Para el pesto de albahaca y nueces

una pizca de sal marina gruesa

1-2 dientes de ajo

1 cucharada de piñones

1 cucharada de nueces recién peladas, molidas finas con una batidora o robot de cocina

30 g de hojas de albahaca

2 cucharadas de queso parmesano recién rallado

4 cucharadas de aceite de oliva virgen extra

Estos deliciosos ravioli se suelen servir para la Janucá y el Tu Bishvat. También quedan excelentes con una salsa de tomate ligera o aderezados con un poco de mantequilla y de parmesano rallado.

—

Para los ravioli, siga las instrucciones de la página 86 y añada el aceite de oliva junto a los huevos.

Prepare el relleno mientras la masa de la pasta reposa. Lave bien las espinacas y cuézalas sin agua a fuego medio en un cazo tapado durante 5-7 minutos o hasta que estén tiernas (el agua adherida a hojas impedirá que se quemen). Escúrralas bien, presionándolas, y píquelas finas. Pase el queso ricotta por un chino y déjelo en un cuenco. Añada el huevo y la yema de huevo, el parmesano y las espinacas y remueva bien. Agregue la nuez moscada, sal y pimienta.

Estire bien la pasta hasta que quede muy fina y forme dos rectángulos de igual tamaño. Deposite cucharaditas del relleno sobre una de las láminas de masa a intervalos regulares, con unos 5 cm de separación. Cúbrala con la otra lámina de masa y presione bien alrededor de cada montículo. Corte los ravioli en cuadrados de 5 cm con un cortapastas. Espolvoree una bandeja con un poco de harina y deposite los ravioli, separados. Déjelos secar 15 minutos.

Ahora prepare el pesto. Maje en un mortero la sal marina, el ajo, los piñones y las nueces molidas hasta obtener una salsa lisa. Añada unas pocas hojas de albahaca y frótelas contra las paredes del mortero hasta que se rompan. Repita la operación con el resto de la albahaca, hasta que la termine y haya obtenido una pasta gruesa. Añada el parmesano y poco a poco el aceite de oliva, sin dejar de remover con la mano de mortero, hasta que la salsa esté lisa y cremosa.

Hierva los ravioli en abundante agua con un poco de sal durante 5-6 minutos o hasta que estén al dente. Escúrralos, esparza por encima los trozos de mantequilla y añada cucharadas de peso. Remueva con suavidad y sirva con queso parmesano para acompañar.

Para 6 personas

ITALIA

Ravioli de queso para la Shavuot

Ravioli de Chavuot

50 g de mantequilla, fundida
queso parmesano recién rallado, para servir

Para la masa de ravioli
250 g de harina 00
3 huevos grandes
½ cucharadita de sal

Para el relleno
350 g de queso ricotta
1 huevo, y 1 yema adicional
1 cucharada de azúcar
una pizca de sal

Cuando se preparan para la Shavuot, estos ravioli se suelen rellenar con una mezcla de ricotta, huevos, queso rallado y una pizca de azúcar y se sirven con mantequilla y queso rallados, pero también son deliciosos con salsa de tomate o con pesto.

—

Para los ravioli, siga las instrucciones de la página 86.

Prepare el relleno mientras la masa reposa. Ponga el queso ricotta, el huevo entero, la yema adicional, el azúcar y la sal en un cuenco y remueva bien.

Estire bien la pasta hasta que quede muy fina y forme dos rectángulos de igual tamaño. Deposite cucharaditas del relleno sobre una de las láminas de masa a intervalos regulares, con unos 5 cm de separación. Cúbrala con la otra lámina de masa y presione bien alrededor de cada montículo. Corte los ravioli en cuadrados de 5 cm con un cortapastas. Espolvoree ligeramente con harina una bandeja y deposite los ravioli de modo que no se toquen. Déjelos secar durante 15 minutos.

Hierva los ravioli en abundante agua con un poco de sal durante 5-6 minutos o hasta que asciendan a la superficie. Retírelos con un cucharón con ranuras y páselos a una fuente caliente. Vierta por encima la mantequilla fundida y espolvoree el parmesano rallado. Sirva inmediatamente.

Para 4 personas

ITALIA

Ravioli de calabaza con mantequilla y salvia

Tortelli di zucca

4 cucharadas de mantequilla

5-6 hojas de salvia, troceadas

queso parmesano recién rallado, para servir

Para el relleno

1 calabaza pequeña, de unos 900 g

60 g de amaretti, desmenuzados

unos 100 g de queso parmesano recién rallado

ralladura de $\frac{1}{2}$ limón

sal y pimienta negra recién molida

Para la masa de los ravioli

250 g de harina 00

3 huevos grandes

$\frac{1}{2}$ cucharadita de sal

El relleno de estos raviolis consiste, sencillamente, en calabaza asada, amaretti desmenuzados, parmesano rallado y ralladura de limón. La cantidad exacta de queso rallado dependerá de la humedad que conserve la calabaza asada. A veces se añaden al relleno un par de cucharadas de uvas pasas.

—

Para el relleno, ase la calabaza en un horno precalentado a 200 ºC durante 1 hora o hasta que esté muy blanda. Córtela por la mitad y retire las semillas. Vacíe la pulpa con una cuchara, séquela bien y extraiga tanto líquido como pueda. Transfiera la pulpa de calabaza a un cuenco grande y añada los amaretti, la ralladura de limón y el parmesano rallado que sea necesario para ligar la mezcla. Salpimiente.

Para los ravioli, siga las instrucciones de la página 86. Estire bien la pasta hasta que quede muy fina y forme dos rectángulos de igual tamaño. Deposite cucharaditas del relleno sobre una de las láminas de masa a intervalos regulares, con unos 5 cm de separación. Cúbrala con la otra lámina de masa y presione bien alrededor de cada montículo. Corte los ravioli en cuadrados de 5 cm con un cortapastas. Espolvoree una bandeja con un poco de harina y deposite los ravioli de modo que no se toquen. Déjelos secar durante 15 minutos.

Hierva los ravioli en abundante agua con un poco de sal durante 5-6 minutos o hasta que estén al dente.

Mientras, funda la mantequilla en una sartén y añada la salvia. Deje al fuego durante unos minutos o hasta que la mantequilla se empiece a dorar.

Con mucho cuidado, saque los ravioli con un cucharón con ranuras y páselos a una fuente caliente. Vierta por encima la mantequilla fundida y la salvia y sirva inmediatamente, con abundante queso parmesano para acompañar.

Para 4 personas

ITALIA

Lasaña verde con setas silvestres

Lasagne verde al forno

250 de mozzarella de búfala, troceada

100 g de queso parmesano recién rallado

Para la masa de la lasaña

125 g de hojas de espinacas

250 g de harina 00

2 huevos

½ cucharadita de sal

Para la salsa de setas y tomate

3 cucharadas de aceite de oliva virgen extra

2 dientes de ajo, picados finos

2 cucharaditas de orégano, picado fino

375 g de boletus o de otro tipo de seta, en láminas finas

450 de tomates de pera maduros, pelados, sin semillas y troceados

En este plato de Ferrara, la lasaña se prepara con capas de una densa salsa de tomate y setas, mozzarella de búfala, queso rallado y salsa bechamel. Es perfecta para una cena con amigos o para una comida familiar.

—

Para elaborar la masa de la lasaña, lave bien las espinacas y cuézalas sin agua adicional en una cazuela cubierta a fuego medio durante 5 minutos o hasta que se pochen (el agua adherida a las hojas bastará para impedir que se quemen). Escúrralas, exprímalas para secarlas y píquelas muy finas.

Coloque la harina en forma de montículo sobre una tabla de madera grande o una superficie de trabajo y haga un agujero profundo en el centro (como el cráter de un volcán). Vierta en el agujero los huevos, las espinacas y la sal. Bata poco a poco la harina con un tenedor y forme una bola blanda. Amásela enérgicamente durante 8-10 minutos o hasta que la masa sea lisa y elástica. No añada demasiada harina, o le resultará muy difícil alisarla con el rodillo. Si la masa parece demasiado seca, añada una cucharadita de agua. Envuelva la masa en un paño húmedo y déjela reposar durante 30 minutos.

Estire la masa hasta que quede bastante fina y córtela en rectángulos de aproximadamente 18 cm x 10 cm. Hierva las láminas de lasaña de seis en seis en abundante agua con un poco de sal, hasta que estén al dente. Retírelas con una espumadera y dispóngalas sobre un paño limpio, para que se sequen. Repita hasta que haya cocido todas las láminas de lasaña.

Mientras, caliente el aceite de oliva en una sartén grande y sofría el ajo y el orégano a fuego medio durante 2 minutos. Añada las setas y continúe la cocción hasta que estén tiernas. Añada los tomates, sazone y prolongue la cocción, sin tapar, durante otros 10 minutos o hasta que la salsa se empiece a espesar.

(Continúa en la página siguiente)

Para la salsa bechamel

4 cucharadas de mantequilla

3 cucharadas de harina de trigo

450 ml de leche caliente

nuez moscada rallada

sal y pimienta negra recién molida

Para preparar la bechamel, funda la mantequilla en un cazo de fondo grueso. Añada la harina y prolongue la cocción sin que se tueste y sin dejar de remover. Añada un poco de leche caliente y bata enérgicamente con una cuchara de madera hasta que la mezcla no tenga grumos. Añada gradualmente el resto de la leche caliente, poco a poco, hasta que la salsa se haya ligado completamente y quede lisa y cremosa. Añada la nuez moscada, la sal y la pimienta y deje al fuego durante un par de minutos.

Engrase una fuente de horno profunda y disponga una lámina de lasaña sobre el fondo. Con una cuchara, deposite una capa de salsa de tomate y setas y cúbrala con bechamel. Esparza trocitos de mozzarella y espolvoree queso parmesano rallado. Repita las capas hasta que se acaben todos los ingredientes y finalice con una lámina de lasaña, bechamel y parmesano. Meta la fuente en el horno precalentado a 180 °C durante 30-40 minutos o hasta que el queso se haya dorado y la salsa burbujee.

Para 4 personas

ITALIA

Ñoquis verdes

Gnocchi verde

4 cucharadas de mantequilla

5-6 hojas de salvia, troceadas

queso parmesano recién rallado, para servir

Para los ñoquis

900 g de espinacas

350 g de queso ricotta, machacado con un tenedor

2 yemas de huevo

75 g de queso parmesano recién rallado

nuez moscada molida

sal y pimienta negra recién molida

harina, para enharinar

Estas bolitas deliciosamente ligeras se suelen servir con mantequilla de salvia y queso parmesano rallado. Los ñoquis también están muy buenos con mantequilla fundida o con cualquier salsa y queso rallado y gratinados al horno. A veces hay que añadir un poco más de queso rallado o una cucharada o dos de harina si la masa queda demasiado húmeda. Para comprobarlo, meta uno de los ñoquis en agua hirviendo: debería mantener la forma y no desintegrarse.

—

Para elaborar los ñoquis, lave bien las espinacas y cuézalas sin agua adicional en un cazo tapado a fuego medio durante 5 minutos o hasta que se pochen (el agua adherida a las hojas impedirá que se quemen). Escúrralas, exprímalas para secarlas bien y píquelas muy finas. Métalas en un cuenco grande con el queso ricotta, las yemas de huevo y el parmesano. Remueva bien y añada la nuez moscada, la sal y la pimienta. Si le parece que la masa ha quedado demasiado blanda, añada más parmesano rallado. Haga bolitas del tamaño de una nuez y enharínelas ligeramente.

Vierta aproximadamente la mitad de los ñoquis en una olla grande de agua hirviendo y con un poco de sal y cueza unos 8-10 minutos: cuando estén hechos, los ñoquis ascenderán a la superficie.

Mientras, funda la mantequilla en una sartén pequeña, añada las hojas de salvia, cuézalas durante unos 30 segundos y retire la sartén del fuego.

Con la espumadera, retire la mitad de los ñoquis cocidos y páselos a una fuente de servir alta y caliente. Vierta la mitad de la mantequilla fundida con salvia y espolvoree parmesano rallado. Repita la operación con el resto de ñoquis, depositándolos sobre la primera tanda y cubriéndolos con el resto de mantequilla y salvia y con más parmesano rallado. Sírvalos inmediatamente, con más parmesano para acompañar.

Para 4 personas

RUSIA

Dumplings de patata rellenos de requesón y cebollino
Pampushki

450 g de patatas, peladas
625 g de puré de patatas
aceite de oliva, para freír en la sartén

Para el relleno
225 g de requesón
1 yema de huevo
1-2 cucharaditas de cebollino, picado fino
sal y pimienta negra recién molida

Los *pampushki* pueden ser fritos o hervidos, dulces o salados. Si los prefiere dulces, omita el cebollino del relleno, añada una cucharada o dos de azúcar y la ralladura de un limón y sírvalos espolvoreados con un poco de azúcar. En Rusia suelen freírlos en aceite vegetal, pero como creo que cocinar con aceites vegetales puede ser malo para la salud, yo prefiero usar aceite de oliva.

—

Para el relleno, ponga el requesón, la yema de huevo y la cebolleta en un cuenco y mezcle bien. Salpimente.

Ralle las patatas no muy finas y extraiga tanta agua como le sea posible. Métalas en un cuenco grande con el puré de patatas, salpimiente y mezcle bien. Con la masa de patata, forme pelotitas del tamaño de huevos. Con el índice, haga un agujero en el centro y llénelo con una cucharada del relleno. Vuelva a cerrar la bola, para que el relleno quede dentro. Aplánelas ligeramente y fríalas en la sartén hasta que estén doradas por ambos lados. Séquelas en papel de cocina y sírvalas calientes.

Para 4 personas

Cereales

> «El amor es dulce, pero solo con pan.»
> **PROVERBIO YIDDISH**

La trinidad del trigo, el aceite de oliva y el vino constituyó la base de la dieta de los hebreos del antiguo Israel. El pan y el vino siguen desempeñando un papel importante en las prácticas religiosas judías, ya que la mayoría de las comidas festivas judías empiezan con una oración que incluye el pan y el vino. Los cereales, ya se trate de trigo, cebada, arroz o cuscús, siempre han sido un alimento básico en los hogares judíos y se sirven en la mayoría de comidas.

ARROZ

Se cree que el arroz se originó en el sureste asiático hacia el año 8500 a.C. y que desde allí se extendió a China y a India y luego a Persia, a través de tribus túrquicas, hace unos dos mil años. Hacia el siglo II-III a.C., el arroz llegó a Oriente Medio, donde se convirtió en una exportación importante durante el Imperio romano, aunque jamás formó parte de la dieta en las antiguas Roma o Grecia. En el siglo VIII, los árabes introdujeron el arroz en España y la cocina sefardí lo adoptó rápidamente. Los árabes lo introdujeron también en Sicilia hacia esa misma época, pero no llegó al resto de Italia hasta el siglo XV, cuando se empezó a plantar en el valle del Po (Lombardía). En la actualidad, muchas regiones del norte de Italia prefieren el arroz al trigo. El arroz tardó en llegar a Europa del norte y oriental y jamás ha tenido un papel importante en la cocina asquenazí.

Hay muchas variedades de arroz. En India, se aprecia mucho el arroz basmati, por sus granos largos y su sabor aromático. En Italia y en España se prefiere el arroz corto y redondo, porque es más adecuado para preparar risottos y paellas. El arroz puede cocinarse de múltiples maneras: hervido, al vapor, asado o incluso en una bolsa sumergida en una sopa cocida a fuego lento. En Irán, el arroz se suele cocer a medias y se termina de hacer al vapor, con un poco de aceite o de *ghee* hasta que forma una costra dorada llamada *tahdig*. Este plato de arroz se llama *chelou* o, si en la segunda fase de cocción se añaden verduras o frutas, pilaf.

CUSCÚS

El cuscús es un alimento básico en todos los países del Magreb, desde Marruecos hasta Libia. Originalmente era un plato bereber, que luego adoptaron tanto árabes como judíos. Tradicionalmente, los judíos norteafricanos preparan cuscús para los festivales y las ocasiones especiales, además de para el sabbat. En Marruecos, suelen prepararlo con siete verduras para el Rosh Hashaná, ya que se dice que el número siete da buena suerte.

El cuscús (al que los bereberes llaman *seksu* y los árabes *kuskusu*) es un tipo de pasta en granitos de 1-2 mm de diámetro que se suele preparar con sémola y harina. Los gránulos de 3 mm o más se llaman *berkoukes* o *mhamsa*. A diferencia de la pasta, el cuscús no se amasa, sino que se le da forma laboriosamente a mano, granito a granito. Por suerte, ahora se puede comprar en las tiendas. La mayoría del cuscús envasado está precocinado, por lo que es muy fácil y rápido de preparar: solo hay que seguir las instrucciones del paquete.

HARINA DE MAÍZ

El maíz llegó a Europa en el siglo XVI, después del descubrimiento de América. El primer punto de entrada fue Venecia, donde pronto se convirtió en un alimento básico para los pobres, y de allí se extendió a Constantinopla. Aunque nunca llegó a ser importante en Turquía, los turcos lo introdujeron en Rumanía y en Georgia, donde sigue siendo básico.

En Italia, la harina de maíz, o polenta, se suele preparar como unas gachas y se sirve con mantequilla y queso rallado. Cuando se enfría, se solidifica y se puede cortar en rodajas, que se fríen, se asan o se apilan en pasteles con capas de queso y salsas diversas.

En Rumanía, las gachas de harina maíz (*mamaliga*) se suelen coronar con mantequilla, crema agria o queso de oveja, aunque también se usa para preparar diversos pasteles y buñuelos fritos.

BULGUR

Hace miles de años que el bulgur (o *burghul*, en árabe) es un alimento básico en Oriente Medio. No debe confundirse con el trigo partido, que no es más que granos de trigo crudo partidos, mientras que el bulgur es trigo que se ha hervido, escurrido y secado antes de ser molido en granos irregulares finos, medios o gruesos. El bulgur fino es ideal para las ensaladas, como el tabulé, y el medio y el grueso se usan en pilafs, sopas, guisos y rellenos.

KASHA

El trigo sarraceno no es un cereal, estrictamente hablando, sino una planta de la misma familia que el ruibarbo y la acedera, cuyas semillas se parecen a los cereales. Es originario de Siberia y de Asia oriental y llegó a Europa oriental en la Edad media. En Rusia llaman *kasha* a cualquier cereal (maíz, cebada, mijo o arroz), aunque los judíos rusos y de Europa oriental solo llaman *kasha* al trigo sarraceno. Tradicionalmente, los judíos asquenazíes lo preparan de dos maneras: o bien en forma de gachas, o bien como lacitos de pasta (*kasha varnishkes*).

ARGELIA

Arroz español

Riz à l'espagnole

300 g de arroz de grano largo

3 cucharadas de aceite de oliva virgen extra

2 dientes de ajo, picados finos

1 cebolla pequeña, picada

2 cucharadas de perejil de hoja plana, picado fino

2 cucharadas de fondos de alcachofa congelados, descongelados y en láminas finas

1 pimiento verde, sin el corazón ni las fibras blancas, sin semillas y en tiras

2 pimientos rojos, sin el corazón ni las fibras blancas, sin semillas y en tiras

2 tomates, pelados y troceados

225 g guisantes frescos recién desenvainados o congelados

1 hoja de laurel

un buen pellizco de clavo

sal y pimienta negra recién molida

500 ml de agua caliente

½ cucharadita de azafrán en polvo, disuelto en 2 cucharadas de agua caliente

Este arroz pilaf del norte de África está aromatizado con azafrán y clavo. Use verduras de temporada: el hinojo, el apio, las judías verdes, los dados de zanahoria o las habitas son siempre buenas opciones.

—

Enjuague el arroz bajo un chorro de agua fría y escúrralo. Caliente el aceite de oliva en una cazuela de fondo grueso y sofría el ajo, la cebolla y el perejil durante 2 minutos. Añada los fondos de alcachofa y los pimientos y póchelos a fuego lento durante 10 minutos. Incorpore el arroz, los tomates, los guisantes, el laurel y al clavo y salpimiente. Agregue el agua caliente y el azafrán disuelto en agua y lleve a ebullición. Tape la cazuela y cueza a fuego lento durante 18-20 minutos o hasta que el arroz esté tierno y hayan aparecido pequeños cráteres en la superficie del mismo. Sirva caliente.

Para 4 personas

SIRIA

Pilaf de bulgur con tomate y piñones

Burghul bi-banadoora

3 cucharadas de aceite de oliva virgen extra o de *ghee*

2 cebollas rojas medianas, picadas

2 dientes de ajo, picados finos

2 cucharadas de piñones

4 tomates maduros, pelados y troceados

175 g de bulgur grueso

una pizca de pimienta de Jamaica

una pizca de canela molida

una pizca de cilantro molido

sal y pimienta negra recién molida

350 ml de caldo de verduras o de agua caliente

Este plato se encuentra tanto en las cocinas árabes como en las judías. Los piñones añaden un sabor y una textura deliciosos.

—

Caliente el aceite de oliva en una cazuela de fondo grueso y sofría la cebolla y el ajo y tueste los piñones a fuego medio hasta que la cebolla se vuelva transparente. Añada el tomate y prolongue la cocción a fuego medio durante 7 minutos más o hasta que la salsa empiece a espesar. Añada el bulgur y las especias y salpimiente. Remueva bien y cueza a fuego lento durante 2 minutos. Vierta el caldo caliente y lleve a ebullición. Tape la cazuela y deje a fuego lento durante 15 minutos más o hasta que el bulgur esté tierno y el líquido se haya evaporado. Retire del fuego y deje reposar durante 5 minutos. Sirva caliente.

Para 4 personas

SIRIA

Arroz con espinacas y zumaque

Rizz b'spanegh

3 cucharadas de aceite de oliva virgen extra
1 cebolla mediana, picada fina
4 dientes de ajo, majados
½ cucharadita de cilantro molido
¼ de cucharadita de pimienta de Jamaica
una pizca de chile en escamas
450 g de espinacas, en juliana
200 g de arroz de grano largo
325 g de agua caliente
1-2 cucharaditas de zumaque, o al gusto
sal y pimienta negra recién molida

Este plato es de un vibrante color verde. La proporción exacta entre las espinacas y el arroz varía mucho: algunas recetas usan hasta 1 kg de espinacas, mientras que otras usan solo 25 g de arroz. El zumaque se emplea mucho en la cocina de Oriente Medio: tiene un bello color rojo oscuro y un sabor cítrico. Normalmente se espolvorea sobre los platos terminados, sobre todo verduras y espinacas, o se añade a los aliños.

—

Caliente el aceite de oliva en una cazuela de fondo grueso y añada la cebolla. Sofríala a fuego medio hasta que se empiece a dorar. Añada el ajo y las especias y cueza 1 minuto más. Agregue las espinacas y prolongue la cocción durante 10 minutos o hasta que estén tiernas y el líquido se haya evaporado. Añada el arroz y el agua caliente y lleve a ebullición. Agregue el zumaque y salpimiente. Tape la cazuela y cueza a fuego lento durante 18-20 minutos o hasta que el arroz esté al dente. Retire del fuego y deje reposar durante 5 minutos. Sirva caliente y espolvoree con un poco más de zumaque.

Para 4 personas

GRECIA

Arroz sefardí con garbanzos, tomate y orégano

Arroz sopado

300 de g de arroz de grano largo

4 cucharadas de aceite de oliva virgen extra

2 cebollas grandes, picadas

½ cucharadita de orégano seco

175 g de garbanzos cocidos y escurridos

2 tomates, pelados y troceados

500 ml de agua caliente

sal y pimienta negra recién molida

Este plato, originario de la isla de Rodas, se suele preparar como parte de una comida con lácteos. Si le apetece, puede servirlo acompañado con un poco de queso parmesano recién rallado.

—

Enjuague el arroz bajo un chorro de agua fría y escúrralo.

Caliente el aceite de oliva en una cazuela de fondo grueso y añada la cebolla y el orégano. Sofría a fuego medio durante 8-10 minutos o hasta que la cebolla se empiece a dorar. Añada el arroz y remueva bien, de modo que el aceite impregne todos los granos. Añada los garbanzos, el tomate y el agua caliente y salpimiente. Lleve a ebullición, tape la cazuela y deje hervir a fuego lento durante 18-20 minutos o hasta que el arroz haya absorbido el agua y empiecen a aparecer pequeños cráteres en la superficie del arroz. Sirva caliente.

Para 4 personas

ITALIA

Risotto con ocho hierbas
Risotto alle otto erbe

1 litro de caldo de verduras o de agua

2 cucharadas de aceite de oliva virgen extra

2-3 dientes de ajo, picados finos

un gran puñado de perejil de hoja plana, picado fino

4 cucharadas de hojas de albahaca, troceadas

3 cucharadas de hojas de hinojo, picadas finas

2 cucharadas de cebollino, picado fino

3-4 hojas de salvia, picadas finas

1-2 ramitas de romero, sin las hojas y picadas finas

300 g de arroz arborio

100 ml de vino blanco seco

sal y pimienta negra recién molida

2 cucharadas de mantequilla sin sal

75 g de queso parmesano recién rallado

Esta receta procede de Ancona, donde las ocho hierbas que se usan son albahaca, perejil, salvia, tomillo, romero, cebollino, hinojo silvestre y ajo, pero también se pueden usar cebollas tiernas, chalotas, orégano, mejorana, estragón, hojas de apio o borraja.

—

Lleve el caldo a ebullición en un cazo y baje el fuego hasta mantener el caldo justo por debajo del punto de ebullición.

Caliente el aceite de oliva en una cazuela de fondo grueso y sofría el ajo y las hierbas a fuego medio durante 5 minutos. Añada el arroz y remueva bien, para que el aceite impregne todos los granos. Añada el vino y salpimiente. Prolongue la cocción sin dejar de remover hasta que el líquido se haya evaporado casi por completo. Agregue un cucharón de caldo y repita hasta que el arroz esté al dente. El risotto terminado ha de ser cremoso. Retire del fuego y añada la mantequilla y 3 cucharadas de queso parmesano. Sirva inmediatamente, acompañado del resto del queso.

Para 4 personas

EGIPTO Y TURQUÍA

Arroz al azafrán con uvas pasas y piñones

Arroz con pinones

300 g de arroz basmati o de grano largo

3 cucharadas de aceite de oliva virgen extra

2 cebollas medianas, picadas

4 cucharadas de uvas pasas

500 ml de caldo vegetal o de agua calientes

$\frac{1}{4}$ de cucharadita de hebras de azafrán disueltas en 2 cucharadas de agua caliente

sal y pimienta negra recién molida

75 g de piñones ligeramente tostados

El arroz al azafrán con piñones se prepara en todo Oriente Medio. A veces se especia con un poco de cilantro molido, canela y comino o se sustituyen los piñones por almendras laminadas. Tradicionalmente, esta receta se sirve para Rosh Hashaná (Año Nuevo judío), porque se dice que las uvas pasas endulzan el año que comienza.

—

Enjuague el arroz bajo un chorro de agua fría y escúrralo. Caliente el aceite de oliva en una cazuela de fondo grueso y sofría la cebolla a fuego medio hasta que se vuelva transparente. Añada el arroz y las uvas pasas y remueva bien, para que el aceite impregne todos los granos de arroz. Añada el caldo caliente y el azafrán disuelto y salpimiente. Tape la cazuela y cueza a fuego lento durante 18-20 minutos o hasta que el arroz esté al dente y aparezcan pequeños cráteres en la superficie. Espolvoree con los piñones y sirva caliente.

Para 4 personas

SIRIA

Lentejas y arroz con cebolla caramelizada

Mujaddara

200 g de lentejas

1 cebolla roja mediana, pelada y picada

6 cucharadas de aceite de oliva virgen extra

200 g de arroz de grano largo

½ cucharadita de pimienta de Jamaica molida

½ cucharadita de cilantro molido

sal y pimienta negra recién molida

2 cebollas grandes, en rodajas

Se dice que este plato es una variante del potaje por el que Esaú vendió su primogenitura a Jacob. La proporción entre las lentejas y el arroz depende del cocinero, pero el plato siempre se corona con una generosa porción de cebolla frita. A veces, se acompaña con un cuenco de yogur.

—

Ponga las lentejas en remojo durante 2 horas y escúrralas. En una cazuela de fondo grueso, caliente las lentejas y 675 ml de agua. Lleve a ebullición, tape la cazuela y cueza a fuego lento durante 30 minutos o hasta que las lentejas estén casi tiernas. Escúrralas, conservando el agua de cocción, y resérvelas.

Sofría la cebolla picada en 2 cucharadas de aceite de oliva hasta que se empiece a dorar. Añada el arroz, la pimienta de Jamaica y el cilantro y remueva bien, para que el aceite impregne todos los granos de arroz. Añada las lentejas, el agua de cocción de las mismas y el agua caliente que necesite para obtener un total de 450 ml de líquido. Lleve a ebullición y salpimente. Tape la cazuela y cueza a fuego lento durante otros 20 minutos o hasta que el arroz y las lentejas estén tiernas y hayan absorbido el líquido.

Mientras, caliente las 4 cucharadas de aceite de oliva restantes en una sartén y sofría las rodajas de cebolla a fuego medio hasta que adquieran un color dorado oscuro.

Sirva las lentejas y el arroz calientes o templados, con la cebolla frita.

Para 4 personas

FRANCIA

Arroz con ciruelas pasas y canela
Reizfloimes

300 g de arroz de grano largo
2 cucharadas de mantequilla
2-3 chalotas, picadas finas
125 g de ciruelas pasas, deshuesadas y cortadas en cuartos
75 g de uvas pasas
1 cucharadita de azúcar
1 cucharadita de canela molida
500 ml de agua caliente
sal y pimienta negra recién molida

Este plato alsaciano se suele servir como acompañamiento en la cena de los viernes.

—

Enjuague el arroz bajo un chorro de agua fría y escúrralo. Funda la mantequilla en una cazuela de fondo grueso, añada las chalotas y sofríalas a fuego medio hasta que se ablanden. Agregue las ciruelas y las uvas pasas y cueza a fuego lento durante 2 minutos más. Añada el arroz, el azúcar y la canela y remueva bien, para que el aceite impregne todos los granos. Añada el agua caliente y lleve a ebullición. Salpimiente, tape la cazuela y cueza a fuego lento durante 18-20 minutos o hasta que el arroz haya absorbido el agua y en la superficie empiecen a aparecer pequeños cráteres. Sirva caliente.

Para 4 personas

ARGELIA

Cuscús con mantequilla y habas

Couscous au beurre

250 g de habitas recién desenvainadas o congeladas

4 cucharadas de mantequilla

2-3 chalotas, picadas finas

350 g de cuscús

450 ml de agua caliente

sal y pimienta negra recién molida

1 cucharada de azúcar glas

1 cucharadita de canela molida

30 g de uvas pasas, en remojo en agua caliente durante 20 minutos

30 g de almendras blanqueadas y ligeramente tostadas en un horno a 180 °C hasta que se doren

suero de mantequilla o yogur, para servir

Este plato se suele preparar para la fiesta de Mimuna, que se celebra al final de la Pascua judía para marcar el comienzo de la primavera y el principio de un nuevo ciclo de existencia. Antaño, era una fiesta exclusiva de los judíos del Magreb, pero ahora también se celebra en Israel. La mesa festiva se decora con flores y hierbas, mazorcas de maíz verdes y cebada, y se sirven todo tipo de pastitas y dulces, sobre todo *jabane* (guirlache), una mermelada de uvas pasas y nueces llamada *mrozya* y *mofletah* (tortitas), acompañados de té de menta. Todos los alimentos sobre la mesa son dulces, como este cuscús; no se sala nada y tampoco se sirve ningún alimento negro ni carne. En el centro de la mesa se coloca un plato de harina blanca con cinco vainas de haba rellenas con cinco huevos, cinco dátiles y cinco monedas de oro o de plata, para invocar un año próspero. La decoración no solo atrae la protección divina, sino que también evita el mal de ojo.

—

Cueza las habas al vapor durante 15-20 minutos o hasta que estén tiernas.

Mientras, derrita la mitad de la mantequilla en una cazuela de fondo grueso y sofría las chalotas a fuego medio hasta que se empiecen a dorar. Añada el cuscús y remueva bien. Vierta el agua caliente y salpimiente. Retire del fuego, cubra con una tapa que encaje bien y deje reposar entre 5 y 10 minutos. Esparza por encima el resto de la mantequilla y remueva con un tenedor, para esponjar el cuscús. Transfiéralo a una fuente de servir caliente y dispóngalo en forma de montículo. Espolvoréelo con el azúcar glas y la canela y disponga las habas por encima. Esparza las uvas pasas y las almendras y sirva inmediatamente, acompañado de un cuenco de suero de mantequilla o de yogur.

Para 4 personas

IRAK

Arroz con habas, tomate y eneldo

Timman ab baquili

3 cucharadas de aceite de oliva virgen extra

1 cebolla mediana, picada fina

$\frac{1}{2}$ cucharadita de cúrcuma molida

$\frac{1}{4}$ de cucharadita de pimienta de Alepo o de pimentón ahumado

250 g de habitas frescas recién desenvainadas o descongeladas

2 tomates de pera en conserva, pasados por un chino o triturados en un robot de cocina

500 ml de agua caliente

sal

300 de arroz de grano largo

un puñado de eneldo, picado fino

2 cucharadas de perejil de hoja plana, picado fino

Este plato tiene un color y un sabor maravillosos. Se puede servir caliente o a temperatura ambiente con, quizá, una cucharada de yogur para acompañar.

—

Caliente el aceite de oliva en una cazuela de fondo grueso, añada la cebolla y sofríala a fuego medio hasta que se empiece a dorar. Añada las especias y deje al fuego 1 minuto más. Añada las habas, el tomate triturado y unas 3 cucharadas del agua caliente. Tape la cazuela y cueza a fuego lento durante 10-15 minutos o hasta que las habas estén casi tiernas. Sazone. Agregue el arroz, el eneldo y el resto del agua caliente y lleve a ebullición. Vuelva a tapar la cazuela y cueza a fuego lento durante 18-20 minutos o hasta que el arroz esté al dente. Retire del fuego y deje reposar durante 5 minutos. Sirva caliente, adornado con perejil.

Para 4 personas

MARRUECOS

Cuscús con siete verduras
Kesksou bil khodra

2 cucharadas de aceite de oliva virgen extra

2 cebollas medianas, picadas

2 dientes de ajo, majados

1 cucharadita de jengibre recién rallado

1 cucharadita de pimentón

1 cucharadita de comino molido

½ cucharadita de cúrcuma molida

4 tomates de pera maduros, pelados, sin las semillas y en cuartos

2 zanahorias, cortadas por la mitad y luego en tiras de 5 cm de longitud

2 nabos, troceados aproximadamente igual que las zanahorias

1 bulbo de hinojo pequeño, limpio y en cuñas

200 g de garbanzos cocidos y escurridos

un puñado de perejil de hoja plana, picado fino

450 g de calabacines, cortados por la mitad y luego en dados de 5 cm

250 g de calabaza violín, en trozos de 5 cm

Para el cuscús

2 cucharadas de mantequilla

2 chalotas, picadas finas

½ cucharadita de canela molida

350 g de cuscús

450 ml de caldo de verduras o de agua calientes

sal y pimienta negra recién molida

Esta receta se suele preparar con siete verduras, porque se cree que el número siete trae buena suerte. En las ocasiones especiales, como el Rosh Hashaná, es habitual adornar el plato con uvas pasas y almendras tostadas, aunque también está muy bueno con tiras de pimientos (dulces o picantes) fritos en aceite de oliva, que añaden un delicado toque de color y de sabor.

—

Caliente el aceite de oliva en una cazuela grande y sofría la cebolla a fuego medio hasta que se ablande. Añada el ajo, el jengibre, el pimentón, el comino y la cúrcuma y prolongue la cocción a fuego lento durante 2 minutos. Agregue el tomate, la zanahoria, el nabo, el hinojo, los garbanzos, el perejil y 450 ml de agua y lleve a ebullición. Tape la cazuela y cueza a fuego lento durante 10 minutos. Añada el calabacín y la calabaza y cueza durante 10-15 minutos más, o hasta que las verduras estén blandas, pero aún conserven la forma.

Empiece a preparar el cuscús cuando falten unos 10 minutos para el final de la cocción. Funda la mantequilla en otra cazuela y sofría las chalotas a fuego medio hasta que se ablanden. Añada la canela y el cuscús y remueva bien. Agregue el caldo caliente y salpimiente. Tape con una tapa que cierre bien y deje reposar 5-10 minutos. Esponje el cuscús con un tenedor y páselo a una fuente, dándole forma de montículo. Retire las verduras del guiso y dispóngalas sobre el cuscús. Sirva inmediatamente, acompañado de la salsa.

Para 4 personas

ITALIA

Pastel de polenta veneciano

Polenta pasticciata

2 cucharaditas de sal

250 g de polenta (harina de maíz)

750 ml de salsa de tomate (página 137)

225 g de queso fontina, en láminas finas

100 g de queso parmesano o grana padano recién rallado

En esta receta del Véneto, se hace un pastel con capas de láminas de polenta, salsa de tomate, queso fontina y queso parmesano, y luego se asa al horno hasta que se dora. Si lo prefiere, puede usar mozzarella de búfala en lugar de fontina. Para la Shavuot se prepara un plato parecido, con polenta blanca y bechamel en lugar de salsa de tomate.

—

Lleve a ebullición 1,25 litros de agua en una cazuela grande y de fondo grueso. Añada la sal y baje el fuego hasta que el agua hierva lentamente. Agregue la polenta poco a poco en un hilo fino y constante sin dejar de remover, para evitar la formación de grumos. Siga removiendo hasta que la polenta se empiece a desprender de las paredes de la cazuela y haya perdido todo el sabor amargo (puede tardar 40-45 minutos). Extienda la polenta sobre una tabla de madera o una fuente de horno y deje que se enfríe y se solidifique.

Una vez se haya enfriado, corte la polenta en láminas finas. Disponga una capa de polenta sobre una fuente de horno bien engrasada con mantequilla y cúbrala con una capa de salsa de tomate. Añada una capa de láminas de queso fontina y espolvoree con el queso rallado. Repita las capas hasta que termine los ingredientes y finalice el pastel con el queso rallado.

Meta la fuente en el horno precalentado a 190 °C durante 30 minutos o hasta que el queso se haya gratinado y la salsa burbujee. Sirva caliente.

Para 4-6 personas

RUMANÍA

Polenta rumana con queso blanco y crema agria

Mamaliga cu branza si smatana

1 cucharadita de sal

260 g de polenta (harina de maíz) gruesa

4 cucharadas de mantequilla

225 g de queso feta o *telemea* (queso de oveja rumano) desmenuzado

crema agria, para servir

La polenta es un alimento básico en Rumanía, donde se suele consumir en forma de gachas (*mamaliga*). También se puede extender sobre una superficie de trabajo, para que se enfríe y se solidifique y se pueda cortar en láminas, con las que luego se preparan pasteles o buñuelos. La *mamaliga* se puede preparar con leche o con una mezcla de leche y agua, con la que se obtiene una textura más cremosa. En esta receta se sirve con crema agria y *telemea*, un queso de oveja blanco, semiblando y ligeramente agrio, que se puede sustituir por queso feta.

—

Lleve a ebullición 1,25 litros de agua en una cazuela grande y de fondo grueso. Añada la sal y baje el fuego hasta que el agua hierva lentamente. Añada la polenta poco a poco en un hilo fino y constante sin dejar de remover, para evitar la formación de grumos. Siga removiendo hasta que la polenta se empiece a desprender de las paredes de la cazuela y haya perdido todo el sabor amargo (puede tardar 40-45 minutos). Si la polenta se espesa demasiado, añada un poco más de agua caliente. Agregue la mantequilla y espolvoree el queso. Sirva inmediatamente, acompañado con crema agria.

Para 4-6 personas

POLONIA Y RUSIA

Kasha con setas

Kasha mit schveml

180 g de *kasha* (copos de trigo sarraceno tostado)

1 huevo, ligeramente batido

450 ml de agua caliente

nuez moscada rallada

sal y pimienta negra recién molida

3 cucharadas de mantequilla

2 cebollas medianas, en rodajas finas

250 g de champiñones pequeños, en láminas finas

crema agria o *smetana*, para servir

El *kasha*, o trigo sarraceno tostado, es uno de los alimentos preferidos de los judíos asquenazíes rusos y polacos. Tiene un delicioso sabor a nuez y es una excelente fuente de proteínas, hierro y calcio. El *kasha* se suele preparar con huevo batido, porque se supone que ayuda a separar los granos. Si añade 200 g de lacitos de pasta o de tallarines de huevo anchos partidos en trozos de 2,5 cm y hervidos por separado en agua con un poco de sal, este plato se transforma en el conocido *kasha varnishkes*, que los judíos de Europa oriental suelen servir en la Janucá y el Purim.

—

Deposite el *kasha* en una sartén de fondo grueso y añada el huevo batido. Remueva bien, para impregnar todos los granos, y cueza a fuego lento durante 5 minutos o hasta que el huevo haya cuajado. Añada el agua caliente y la nuez moscada, la sal y la pimienta. Tape la cazuela y cueza a fuego lento durante 15 minutos o hasta que el *kasha* esté tierno y haya absorbido el líquido.

Mientras, funda la mantequilla en una sartén grande y añada la cebolla. Sofríala a fuego lento hasta que se empiece a dorar. Añada los champiñones y prolongue la cocción hasta que estén tiernos y el agua que suelten se haya evaporado por completo. Agregue la cebolla y los champiñones al *kasha* cocido y cocine a fuego lento durante 1-2 minutos.

Sirva inmediatamente, acompañado de crema agria.

Para 4 personas

Segundos platos

> «El que come con lentitud,
> prolonga su vida.»
>
> PROVERBIO JUDEOESPAÑOL

La cocina judía cuenta con una enorme abundancia de platos vegetarianos, sobre todo por las estrictas leyes dietéticas que prohíben la combinación de lácteos y carne.

Cada comunidad judía tiene una amplia variedad de pastas saladas en su repertorio culinario: desde los *pastels*, *bulemas*, *filas* y *tapadas* sefardíes hasta los strudels centroeuropeos, los *sambusaks* de Oriente Medio y los *piroshki* rusos. Son pastas que, tradicionalmente, se sirven en festividades, bodas, bar mitzvás y otras ocasiones especiales, además de para el *desayunu*, que rompe el ayuno del sabbat.

Los judíos sefardíes de Grecia y de Turquía son especialmente conocidos por su predilección por los platos de verduras, sobre todo los gratenes (*almodrotes*, *anchusas* y *esfongos*) y las croquetas (*albondigas*, *fritikas* y *keftes*). Los judíos sirios prepararan múltiples y deliciosos platos vegetarianos, como verduras asadas con huevo y queso (*bjibn*), además de verduras rellenas (*mahshi*) aliñadas con salsas exóticas y aromatizadas con tamarindo o sirope de granada.

El repertorio vegetariano de los judíos asquenazíes es más modesto, como consecuencia del clima más frío de Europa del norte y oriental, que limita la disponibilidad de verduras de temporada. De todos modos, les gustan mucho la col, la zanahoria y las patatas, que usan para preparar distintos *kugels* (pasteles) y tortas.

ITALIA

Tarta de alcachofas

Torta di carciofi

1 cucharada de aceite de oliva virgen extra

1 cucharada de mantequilla

1 diente de ajo, picado fino

3 cucharadas de perejil de hoja plana, picado fino

9-10 corazones de alcachofa en aceite, escurridos

225 ml de crema de leche espesa o de nata para cocinar y leche a partes iguales

1 huevo, y 2 yemas adicionales

25 g de queso emmental rallado

50 g de queso parmesano recién rallado

nuez moscada rallada

sal y pimienta negra recién molida

Para la masa

100 g de harina de trigo

65 g de harina integral

una pizca de sal

75 g de mantequilla

2 cucharadas de agua helada

Esta tarta procede de Venecia y está rellena de una deliciosa combinación de alcachofa, queso, huevo, perejil y un toque de ajo y de nata líquida. En Venecia se suele preparar con corazones de alcachofa fresca, aunque en la receta los usamos en conserva.

—

Para preparar la masa, tamice las dos harinas y la sal sobre un cuenco. Añada la mantequilla y amase con las yemas de los dedos hasta que la masa recuerde a migas de pan. Rocíe la masa con el agua helada y forme una bola blanda. Envuélvala en papel de aluminio y métala en el frigorífico durante 1 hora.

Amase brevemente la bola de masa sobre una tabla enharinada. Estírela hasta formar un disco de unos 30 cm de diámetro y 3 mm de grosor. Enrolle el disco en el rodillo y desenróllelo sobre un molde para tartas de 20 cm de diámetro untado de mantequilla. Ajuste la masa a los bordes, recorte la que sobre y ondule los bordes con un tenedor. Pinche el fondo varias veces. Cubra la masa con papel de aluminio y llene el molde con pesos para hornear, para evitar que la masa se levante en el horno. Hornéela en un horno precalentado a 200 °C durante 8-10 minutos. Cuando esté hecha, la masa debería haberse separado de los bordes del molde. Saque el molde del horno y retire el papel de aluminio y las judías. Reduzca la temperatura del horno a 180 °C.

Caliente el aceite de oliva y la mantequilla en una sartén grande y añada el ajo y el perejil. Sofríalos a fuego medio durante 2 minutos. Añada los corazones de alcachofa y cuézalos a fuego lento, para que los sabores se mezclen bien. Reserve a un lado, para que se enfríe un poco.

Bata la crema de leche, el huevo y las dos yemas en un cuenco y añada el emmental y la mitad del parmesano. Añada la nuez moscada, la sal y la pimienta. Disponga la mezcla de corazones de alcachofa en la tarta y vierta la mezcla de huevo por encima. Espolvoree el resto del parmesano por encima y meta la tarta en el horno durante 30 minutos o hasta que la superficie se haya dorado. Sirva caliente.

Para 4 personas

TURQUÍA

Espirales de berenjena sefardíes

Bulemas de berendjena

2 berenjenas medianas, de unos 675 g en total

1 cucharada de aceite de oliva virgen extra

100 g de queso feta o *beyaz peynir* (queso blanco turco), chafado con un tenedor

50 g de queso parmesano o *kashkaval* recién rallado

nuez moscada rallada

pimienta negra recién molida

8 hojas de pasta filo (*yufka*) fresca o descongelada

mantequilla fundida, para pintar

aceite de oliva, para freír

Estas deliciosas pastas se rellenan de una mezcla de berenjenas asadas, aceite de oliva, queso feta y queso rallado antes de freírse en aceite de oliva. Son perfectas como aperitivo, almuerzo ligero o cena. Tradicionalmente, se preparan para festividades y ocasiones especiales, además de para el *desayanu* con el que los sefardíes rompen el ayuno del sabbat. Las *bulemas* también se pueden pintar con aceite de oliva y asarse en el horno.

—

Para el relleno, ase las berenjenas en un horno precalentado a 200 °C durante 30 minutos o hasta que estén blandas y la piel se haya vuelto completamente negra. Deles la vuelta un par de veces, para que la cocción sea homogénea. Cuando se hayan enfriado lo bastante para que pueda manipularlas, extraiga la pulpa y pásela a un colador, para eliminar el jugo amargo que puedan soltar. Luego páselas a un cuenco y aplástelas con un tenedor. Añada el aceite de oliva, el queso feta y el parmesano y remueva bien. Agregue la nuez moscada y la pimienta.

Corte la pasta filo en rectángulos de unos 30 cm x 23 cm y apílelos. Coloque un rectángulo de pasta filo sobre un paño limpio, con el lado más largo de cara a usted y píntelo con un poco de mantequilla. Repita el proceso con un segundo rectángulo de pasta filo. Coloque una línea delgada de relleno siguiendo el lado más largo del rectángulo, a unos 2 cm del borde. Pliegue el borde y enrolle el rectángulo de modo que obtenga un churro largo y fino. Entonces, enróllelo en espiral. Mójese las yemas de los dedos con agua fría y presione los extremos de la espiral para sellar el relleno. Repita el proceso con el resto de la masa y del relleno.

Fría por tandas las *bulemas* en abundante aceite de oliva caliente hasta que estén crujientes y doradas por ambos lados. Sírvalas calientes.

Para 4 personas

ITALIA

Tarta de berenjena, tomate y queso fontina
Pasticcio di melanzane

3 berenjenas grandes, aproximadamente 1 kg en total

sal

aceite de oliva, para freír

2 huevos

1 cucharada de harina

50 g de queso parmesano recién rallado

225 ml de leche

200 g de queso fontina, en láminas finas

Para la salsa de tomate

2 cucharadas de aceite de oliva

2 dientes de ajo, picados finos

2 cucharaditas de orégano, picado fino

675 g de tomates de pera maduros, pelados, sin semillas y troceados

sal y pimienta negra recién molida

Esta tarta, tan contundente como deliciosa, consiste en capas de berenjena frita, salsa de tomate, láminas de queso fontina y una mezcla de queso batido, leche, harina y queso parmesano rallado.

—

Corte los extremos de las berenjenas y córtelas longitudinalmente en láminas de 5 mm de grosor. Espolvoréelas con sal y colóquelas en un colador dispuesto sobre un cuenco. Déjalas allí durante 1 hora para que expulsen el jugo amargo. Enjuague la sal y séquelas con toquecitos. Fríalas en aceite caliente hasta que se doren por ambos lados. Séquelas con papel de cocina.

Para preparar la salsa de tomate, caliente el aceite de oliva en una sartén grande a fuego medio y sofría el ajo y el orégano durante 2 minutos. Añada el tomate y cuézalo durante 15 minutos o hasta que la salsa se espese. Salpimiente.

Bata los huevos, la harina y la mitad del parmesano en un cuenco y añada la leche poco a poco.

Disponga una capa de láminas de berenjena en el fondo de una fuente de horno poco profunda y engrasada con aceite. Cubra la berenjena con una capa de salsa de tomate y otra de láminas de queso fontina. Vierta con una cuchara un poco de la mezcla de huevo. Repita las capas hasta que se quede sin ingredientes y finalice la tarta con la mezcla de huevo. Espolvoree con el resto del parmesano rallado y meta la fuente en horno precalentado a 180 °C durante 30 minutos o hasta que el queso se haya dorado y la salsa burbujee.

Para 4-5 personas

GRECIA

Berenjenas rellenas

Melitzannes papoutsakia

4 berenjenas medianas, sin las puntas y cortadas longitudinalmente por la mitad

6 cucharadas de aceite de oliva virgen extra

1 cebolla mediana, picada fina

un puñado de perejil de hoja plana, picado fino

1 cucharadita de orégano seco

2 tomates medianos, pelados, sin semillas y rallados

4 cucharadas de pan rallado

50 g de queso parmesano o *kefalotyri* recién rallado

sal y pimienta negra recién molida

Para la salsa bechamel

2 cucharadas de mantequilla

2 cucharadas de harina

225 g de leche caliente

1 yema de huevo

Tanto los judíos como los griegos disfrutan con las *melitzanes papoutsakia* (literalmente, «zapatillas de berenjena»). La versión griega suele incluir algo de carne picada y la judía es estrictamente vegetariana, ya que las leyes dietéticas judías prohíben mezclar lácteos y carne en el mismo plato.

—

Meta las mitades de berenjena en una cazuela grande con agua hirviendo y un poco de sal, tape la cazuela y hierva a fuego lento durante 5 minutos. Retire las berenjenas del agua y deje que se enfríen un poco. Extraiga la pulpa con una cuchara y con cuidado y deje una vaina de unos 3 mm de grosor. Trocee la pulpa. Disponga las vainas de berenjena sobre una fuente de horno engrasada con aceite.

Caliente el aceite de oliva en una sartén grande y sofría la cebolla a fuego medio hasta que se ablande. Añada el perejil y el orégano y sofría durante 2 minutos más. Añada la pulpa de berenjena troceada y remueva bien. Tape la sartén y poche la berenjena a fuego lento durante 10 minutos o hasta que esté tierna y se empiece a dorar. Remueva de vez en cuando. Añada el tomate y prolongue la cocción, sin tapar la cazuela, durante 5 minutos. Retire del fuego y agregue el pan rallado y la mitad del queso rallado. Salpimiente y rellene las berenjenas con la mezcla.

Para preparar la bechamel, funda la mantequilla en un cazo de fondo grueso. Añada la harina y prolongue la cocción durante 1 minuto sin que se tueste y sin dejar de remover. Vierta un poco de leche caliente y remueva enérgicamente con una cuchara de madera hasta que la mezcla no tenga grumos. Agregue gradualmente el resto de la leche caliente hasta que la salsa se haya ligado completamente y quede lisa y cremosa. Retire de fuego y deje que se enfríe un poco. Añada la yema de huevo y salpimiente. Remueva bien. Con una cuchara, ponga un poco de bechamel sobre las berenjenas rellenas y espolvoréelas con el resto del queso rallado. Hornéelas en un horno precalentado a 180 °C durante 30 minutos o hasta que se doren y empiecen a burbujear.

Para 4 personas

HUNGRÍA

Strudel de col y nueces

Kaposztas retes

5 cucharadas de mantequilla
1 cebolla mediana, picada
1 col verde pequeña, de 1 kg, en juliana
3 cucharadas de uvas pasas
40 g de nueces, picadas finas
sal y pimienta negra recién molida
3 hojas grandes de pasta filo fresca o descongelada
1 cucharada de semillas de alcaravea

El strudel de col, o *kroit strudel*, en yiddish, es un tentempié o almuerzo ligero delicioso. La preparación es rápida y sencilla gracias a la pasta filo, ya sea fresca o congelada.

—

Funda 3 cucharadas de mantequilla en una sartén de fondo grueso y añada la cebolla. Sofríala a fuego medio hasta que se vuelva transparente. Añada la col. Tape la cazuela y cueza a fuego lento hasta que esté tierna y se empiece a dorar. Remueva de vez en cuando. Añada las uvas pasas y las nueces y salpimente. Retire del fuego y deje reposar.

Mientras, funda el resto de la mantequilla, retírela del fuego y deje que se enfríe un poco.

Despliegue una hoja de pasta filo sobre un paño limpio y píntela con un poco de la mantequilla fundida. Coloque otra hoja de pasta encima, píntela con la mantequilla fundida y repita con la hoja que queda. Disponga la col sobre la tercera hoja de pasta en el lado más próximo a usted. Pliegue los bordes para sellar el relleno. Con cuidado, levante las esquinas del paño y dele la vuelta al strudel. Pinte con mantequilla la cara que ha quedado a la vista. Levante el strudel envuelto en el paño y, con cuidado, páselo a una bandeja de horno bien engrasada. Pinte la parte superior con mantequilla y espolvoréela con las semillas de alcaravea. Hornee en el horno precalentado a 180 °C durante 20-25 minutos o hasta que la parte superior esté dorada. Sirva caliente o templado.

Para 4 personas

GRECIA

900 g de calabacines, sin las puntas

2-3 tomates

225 g de queso feta, desmenuzado

2 huevos, ligeramente batidos

nuez moscada molida

sal y pimienta negra recién molida

2 cucharadas de queso parmesano o *kefalotyri* recién rallado

Gratén de calabacín y tomate

Kalavasutcho

Aunque esta receta procede de Corfú, los judíos de Grecia y Turquía la preparan de múltiples maneras.

—

Corte longitudinalmente los calabacines en láminas finas. Cuézalos al vapor durante 4-5 minutos y dispóngalos sobre una fuente de horno poco profunda. Deposite los tomates en un recipiente resistente al calor y cúbralos con agua hirviendo. Déjelos en remojo durante 1-2 minutos, hasta que se les abra la piel. Escúrralos y, cuando se hayan enfriado lo suficiente para poder manipularlos, pélelos y córtelos en rodajas finas. Dispóngalas sobre los calabacines.

En un cuenco, machaque el feta y añada los huevos. Remueva, agregue la nuez moscada y salpimiente. Vierta la mezcla sobre los tomates y espolvoree con el queso rallado. Hornee en un horno calentado a 180 °C durante 30 minutos o hasta que se dore. Sirva caliente.

Para 3-4 personas

ALEMANIA, POLONIA

675 g de patatas, ralladas gruesas

1 manzana pequeña, rallada gruesa

1 cebolla mediana, picada fina

2 huevos grandes, ligeramente batidos

sal y pimienta negra recién molida

aceite de oliva, para freír

Latkes de patata y manzana

Kartoffel latkes

Ningún libro de cocina judía estaría completo sin los *kartoffel latkes*, las tortitas de patata tradicionales en Janucá.

—

Mezcle bien la patata, la manzana, la cebolla y el huevo. Salpimiente. Caliente un poco de aceite en una sartén de fondo grueso. En tandas, vierta cucharadas colmadas de la mezcla sobre el aceite y aplástelas con un tenedor. Fríalas a fuego lento hasta que estén doradas por ambos lados y séquelas con papel de cocina. Sírvalas calientes.

Para 4 personas

GRECIA

Moussaka de calabacín y patata

Musaka de kalavasikas

450 g de calabacines

4 cucharadas de aceite de oliva virgen extra

450 g de patatas

1 cebolla mediana, picada fina

1 cucharadita de orégano seco

450 g de tomates de pera maduros, pelados, sin semillas y troceados

una pizca de canela molida

75 g de queso parmesano o *kefalotyri* recién rallado

sal y pimienta negra recién molida

Para la bechamel

4 cucharadas de mantequilla

3 cucharadas de harina

450 ml de leche caliente

nuez moscada molida

2 yemas de huevo

Este clásico plato de Tesalónica es perfecto para comidas familiares y ocasiones especiales.

—

Corte las puntas de los calabacines y córtelos longitudinalmente en láminas de 3 mm de grosor. Caliente la mitad del aceite en una sartén grande y fría en tandas las láminas hasta que estén doradas por ambos lados. Escúrralas sobre papel de cocina. Mientras, hierva las patatas en agua ligeramente salada durante 20 minutos o hasta que estén tiernas. Escúrralas y, cuando se hayan enfriado lo suficiente para que pueda manipularlas, pélelas y córtelas en rodajas finas.

Caliente el resto del aceite de oliva en una sartén grande y añada la cebolla y el orégano. Sofría a fuego medio durante 5 minutos o hasta que la cebolla se haya ablandado. Agregue el tomate y la canela y prolongue la cocción durante 10 minutos o hasta que la salsa se empiece a espesar. Resérvela.

Para preparar la bechamel, funda la mantequilla en un cazo de fondo grueso. Añada la harina y prolongue la cocción durante 1 minuto sin que se tueste y sin dejar de remover. Añada un poco de leche caliente y remueva enérgicamente con una cuchara de madera hasta que la mezcla no tenga grumos. Incorpore gradualmente el resto de la leche caliente hasta que la salsa se haya ligado completamente y quede suave y cremosa. Retire de fuego y salpimiente. Deje que se enfríe un poco antes de añadir las yemas de huevo, sin dejar de remover.

Disponga una tercera parte de las patatas sobre el fondo de una fuente de horno bien engrasada con aceite. Cúbrala con un tercio de las láminas de calabacín fritas. Cubra a su vez con un tercio de la salsa de tomate y una cuarta parte del queso rallado. Repita las capas y finalice con la salsa de tomate y el queso rallado. Vierta la bechamel por encima y espolvoree el resto del queso rallado. Hornee en un horno precalentado a 180 ºC durante 35-40 minutos o hasta que el queso se haya dorado y la salsa burbujee.

Para 4-6 personas

SIRIA

Calabacines rellenos con salsa de tomate y granada

Kusa mahshi

8 calabacines, de unos 15-20 cm de longitud

Para el relleno

200 g de arroz de grano largo

2 cebollas medianas, picadas finas

125 g de garbanzos cocidos y escurridos

1 tomate mediano, pelado, sin semillas y troceado

2 cucharadas de perejil de hoja plana, picado fino

2 cucharadas de menta, picada fina

$\frac{1}{4}$ de cucharadita de canela molida

$\frac{1}{4}$ de cucharadita de pimienta de Jamaica

2 cucharadas de aceite de oliva virgen extra

1 cucharada de jugo de limón

sal y pimienta negra recién molida

Para la salsa

3 cucharadas de aceite de oliva virgen extra

1 cebolla mediana, picada fina

2 dientes de ajo, picados finos

675 g de tomates de pera maduros, pelados, sin semillas y troceados

1 cucharada de melaza de granada

1 cucharadita de azúcar, o al gusto

En esta receta, los calabacines se rellenan con arroz, garbanzos, tomate y hierbas y se cuecen en una deliciosa salsa de tomate aromatizada con melaza de granada, que en Oriente Medio se usa mucho para dar a los aliños, guisos, salsas y rellenos un sabor agrio, pero afrutado. A veces, y en función de su espesor y potencia, se diluye en un poco de agua.

—

Corte el extremo superior de los calabacines. Use un vaciador de manzanas para extraer con cuidado la pulpa de los calabacines y deje una cáscara de 2-3 mm de grosor. La pulpa no se usa en el relleno: aprovéchela para una sopa o un guiso.

Para el relleno, coloque el arroz, la cebolla, los garbanzos, el tomate, las hierbas y las especias en un cuenco y remueva bien. Añada el aceite de oliva y el jugo de limón, remueva y salpimiente. Rellene los calabacines hasta unas tres cuartas partes, para dejar margen al arroz, que se hinchará durante la cocción.

Para la salsa, caliente el aceite de oliva en una sartén grande o en una cazuela de cerámica resistente al fuego y añada la cebolla. Sofríala a fuego medio hasta que se ablande. Agregue el ajo y sofría durante 2 minutos más. Añada el tomate y cuézalo a fuego lento durante 10 minutos. Incorpore la melaza de granada y el azúcar y prolongue la cocción a fuego lento para que los sabores se mezclen bien.

Disponga en la cazuela de la salsa los calabacines rellenos, uno al lado de otro y en dos capas. Vierta el agua justa para cubrirlos. Lleve a ebullición, tape la cazuela y cueza a fuego lento durante 50-60 minutos o hasta que los calabacines estén tiernos y la salsa se haya reducido. Sirva caliente.

Para 4 personas

TURQUÍA

Tapada de puerros
Tapada de prasa

900 g de puerros

2 cucharadas de aceite de oliva virgen extra

125 g de queso feta, desmenuzado

75 g de queso parmesano o *kashkaval* recién rallado

1 huevo, ligeramente batido

pimienta negra recién molida

Para la masa de aceite de oliva

75 ml de aceite de oliva virgen extra

75 ml de agua templada

½ cucharadita de sal

unos 250 g de harina de trigo

1 huevo, batido

Una *tapada* es una gran tarta salada que, tradicionalmente, se prepara para el sabbat y que suele estar rellena de queso o de verduras trituradas. La mayoría de los rellenos para *bulemas*, *filas* y *pastels* pueden usarse también en las *tapadas*.

—

Corte los extremos de los puerros y córtelos longitudinalmente por la mitad. Límpielos cuidadosamente para retirar toda la tierra que pueda quedar entre las hojas. Córtelos en trozos de 2 cm de longitud. Caliente el aceite de oliva en una cazuela grande y añada los puerros. Tape la cazuela y sofría a fuego medio durante 10-15 minutos o hasta que los puerros estén tiernos y se empiecen a dorar. Páselos a un cuenco y añada el queso feta, el parmesano y el huevo. Remueva bien y condimente con pimienta.

Para preparar la masa, mezcle el aceite, el agua y la sal en un cuenco. Añada poco a poco la harina justa para obtener una masa blanda y maleable. Empiece a trabajarla con un tenedor y luego use las manos. Divida la masa en dos trozos, uno ligeramente más grande que el otro. Estire el mayor hasta obtener un disco de unos 30 cm de diámetro y 2 mm de grosor. Enróllelo con cuidado en el rodillo y desenróllelo sobre un molde para tartas de 25 cm de diámetro bien engrasado con aceite. Ajuste la masa a los bordes y recorte la sobrante. Pinche el fondo con el tenedor y vierta el relleno.

Para la tapa, estire el otro trozo de masa hasta obtener un disco de unos 28 cm de diámetro. Colóquelo cuidadosamente sobre la tarta y selle los dos discos presionando los bordes con la yema de los dedos o con el tenedor. Pinte la parte superior con el huevo batido y hornee la tarta en un horno precalentado a 190 °C durante 40 minutos o hasta que la corteza se haya dorado. Sirva la tarta caliente o templada.

Para 4-6 personas

GRECIA

Pastel verde de Tesalónica
Pastel verde

450 g de verduras de hoja verde variadas

unas 5 cucharadas de aceite de oliva virgen extra

2 cebollas tiernas, en rodajas finas

1 puerro (con la parte verde), sin las puntas y en rodajas finas

un puñado de perejil de hoja plana, picado fino

un puñado de eneldo, picado fino

200 g de queso feta, desmenuzado

2 huevos

50 g de queso parmesano o *kefalotyri* recién rallado

sal y pimienta negra recién molida

8 o 9 hojas grandes de pasta filo fresca o descongelada

2-3 cucharadas de semillas de sésamo

Tradicionalmente, los judíos de Tesalónica preparaban *pastels* (pasteles) o *pastelikos* (pastelitos) para el sabbat, los bar mitzvás y otras ocasiones especiales. La mayoría de pasteles se elaboraban con una masa sencilla a base de aceite de oliva, harina y agua, excepto este, que siempre se hace con pasta filo. El pastel verde se suele rellenar con una mezcla de espinacas, lechuga, puerros, cebollas tiernas y hierbas, aunque se pueden usar otras verduras de hoja verde, como acelgas, hojas de remolacha, rúcula, berros u hojas verdes de diente de león.

—

Lave bien las verduras y córtelas en tiras de 1 cm. Cuézalas sin agua adicional en una cazuela tapada durante 7 u 8 minutos o hasta que estén tiernas (el agua adherida a las hojas bastará para que no se quemen). Escúrralas bien.

Caliente 2 cucharadas del aceite de oliva en una sartén de fondo grueso y añada las cebollas tiernas y el puerro. Sofría a fuego medio hasta que se empiecen a dorar. Añada el perejil y el eneldo y prolongue la cocción durante 3 minutos más. Agregue la verdura, remueva y cueza a fuego lento durante 2-3 minutos.

Ponga el queso feta, los huevos y el parmesano en un cuenco y remueva bien. Añada las verduras y salpimiente.

Engrase con aceite de oliva un molde de tartas desmontable de 23 cm de diámetro. Coloque una hoja de pasta filo en el molde y píntela con un poco de aceite de oliva. Repita el proceso con la mitad de las hojas de pasta filo. Añada el relleno a cucharadas. Tápelo con otra hoja de pasta filo y píntela con un poco de aceite de oliva. Repita con el resto de hojas de pasta. Cierre los bordes de la masa, espolvoree las semillas de sésamo y hornee en un horno precalentado a 180 °C durante 40-45 minutos o hasta que la masa se haya dorado. Saque el pastel del horno, desmóldelo y sírvalo caliente.

Para 4 personas

TURQUÍA

Gratén de acelga y queso blanco

Antchusa de pazi

675 g de acelgas

125 g de queso feta o *beyaz peynir* (queso blanco turco), machacado con un tenedor

2 huevos, ligeramente batidos

75 g de queso parmesano o *kashkaval* recién rallado

pimienta negra recién molida

2-3 cucharadas de pan rallado

1-2 cucharadas de mantequilla

Este clásico plato con queso se elabora con una mezcla de acelgas, queso blanco, huevo batido y queso rallado. Puede preparar gratenes parecidos con espinacas, calabaza, puerro, calabacín o berenjena.

—

Lave las acelgas y retire los tallos (puede aprovecharlos para una sopa o un guiso). Coloque las hojas en una cazuela tapada y a fuego medio durante 7-8 minutos o hasta que estén tiernas (el agua adherida bastará para impedir que se quemen). Escúrralas bien y trocéelas.

En un cuenco, mezcle el queso feta, los huevos y 50 g del queso rallado. Condimente con la pimienta, añada las acelgas y remueva bien. Viértalo todo en una fuente de horno poco profunda y previamente engrasada con aceite. Mezcle el resto del queso rallado y el pan rallado y espolvoréelos sobre el gratén. Esparza trocitos de mantequilla por encima y hornee en un horno precalentado a 180 °C durante 30 minutos o hasta que el queso esté dorado y, al insertar un cuchillo en el centro, salga limpio.

Para 4 personas

FRANCIA

Tarta de cebolletas
Tarte aux oignons nouveaux

3 cucharadas de mantequilla
900 g de cebolletas, peladas
3 yemas de huevo
175 ml de crema de leche espesa
una pizca de canela molida
sal y pimienta negra recién molida

Para la masa quebrada

125 g de harina de trigo
60 g de harina integral de trigo
¼ de cucharadita de sal
100 g de mantequilla
1 huevo, ligeramente batido
1-2 cucharadas de agua helada

En Alsacia suelen servir esta cremosa tarta de cebolletas en el sabbat.

—

Para elaborar la masa, tamice las dos harinas y la sal sobre un cuenco. Añada la mantequilla y amase con las yemas de los dedos hasta que la masa recuerde a migas de pan grandes. Añada el huevo y el agua helada justa para poder formar una bola suave. Envuélvala en papel de aluminio y refrigérela durante 1 hora.

Mientras, funda la mantequilla en una sartén de fondo grueso y añada la cebolleta. Sofríala a fuego lento durante 30-40 minutos o hasta que esté muy tierna y se empiece a dorar. Remueva de vez en cuando, para que la cocción sea homogénea. Resérvela y deje que se enfríe.

Deposite la masa refrigerada sobre una superficie de trabajo ligeramente enharinada y amásela brevemente. Estírela con el rodillo hasta que haya formado un disco de unos 30 cm de diámetro. Enrolle cuidadosamente la masa en el rodillo y desenróllela sobre un molde para tartas de 23 cm de diámetro y engrasada. Ajuste la masa a los bordes y recorte la que sobre. Con un tenedor, ondule el borde de la masa y pinche toda la base. Cúbrala con una hoja de papel de aluminio y llénela de judías o garbanzos secos, para que la masa no se hinche en el horno. Hornee en un horno precalentado a 200ºC durante 8-10 minutos, saque del horno y retire con cuidado el papel de aluminio y las judías. Baje la temperatura del horno a 190 ºC.

En un cuenco grande, bata las yemas de huevo y la crema de leche, añada la cebolleta y condimente con la canela, la sal y la pimienta. Vierta el relleno en la tarta y hornee durante 30 minutos o hasta que esté ligeramente dorada e hinchada. Sírvala caliente.

Para 4-6 personas

HUNGRÍA

Strudel de champiñones

Gombas retes

3 hojas grandes de pasta filo fresca o descongelada

2 cucharadas de mantequilla fundida

2 cucharadas de semillas de amapola

crema agria o *smetana*, para servir

Para el relleno

3 cucharadas de mantequilla o de aceite de oliva

2-3 chalotas, picadas finas

450 g de champiñones, en láminas finas

un puñado de perejil de hoja plana, picado fino

1 cucharada de vino blanco seco, jerez u oporto

2 cucharaditas de harina

2 cucharadas de crema agria o *smetana*

1 cucharada de cebollino fresco, picado fino

sal y pimienta negra recién molida

El strudel de champiñones es un tentempié excelente, además de un almuerzo o una cena ligeros. Puede usar champiñones silvestres o cultivados, según la disponibilidad. Está especialmente bueno acompañado de crema agria o *smetana*.

—

Para el relleno, caliente la mantequilla en una sartén de fondo grueso y añada las chalotas. Sofría a fuego medio hasta que se ablanden. Añada los champiñones y el perejil y prolongue la cocción durante 5 minutos más o hasta que estén tiernos. Vierta el vino, suba el fuego y prolongue la cocción hasta que el líquido se haya evaporado. Agregue la harina y cueza a fuego lento durante 1-2 minutos, sin dejar que se tueste. Retire del fuego. Añada la crema agria y el cebollino y salpimiente. Remueva bien.

Disponga una hoja de pasta filo sobre un paño limpio y píntela con un poco de mantequilla. Coloque otra hoja de pasta encima, píntela con mantequilla y repita con la hoja que queda. Añada la masa a cucharadas sobre el tercio de pasta más próximo a usted. Con cuidado, levante las esquinas del paño y enrolle el strudel. Pinte con mantequilla la parte superior. Levante el strudel envuelto en el paño, sáquelo cuidadosamente y deposítelo sobre una bandeja de horno previamente engrasada con mantequilla. Píntelo con un poco de mantequilla y espolvoree las semillas de amapola.

Hornee en un horno precalentado a 180 °C durante 25-30 minutos o hasta que la parte superior se haya dorado. Sirva caliente, acompañado de crema agria o *smetana*.

Para 3-4 personas

RUMANÍA

Pimientos rellenos de queso

Pipiruchkas reyenadas de keso

4 pimientos rojos o amarillos con forma de cuerno

225 g de mozzarella de búfala o de *telemea* (queso de oveja rumano), en rodajas gruesas

2 cucharadas de aceite de oliva virgen extra

2 dientes de ajo, picados finos

1 cebolla pequeña, picada fina

350 g de tomates maduros, pelados, sin semillas y troceados

sal y pimienta negra recién molida

En esta receta, los pimientos se asan en el horno antes de rellenarlos con una rodaja de *telemea*, un queso de oveja, y hornearlos sobre un lecho de salsa de tomate. Si no encuentra *telemea*, puede usar mozzarella de búfala o queso feta. Los pimientos más adecuados para esta receta son largos y con forma de cuerno.

—

Ase los pimientos al horno hasta que la piel se vuelva completamente negra. Enjuáguelos en agua fría y retire la piel. Con un cuchillo afilado, haga un corte longitudinal en cada pimiento y retire con mucho cuidado el corazón y las semillas. Rellénelos con el queso y píntelos con un poco de aceite de oliva.

Caliente el resto del aceite de oliva en una sartén de fondo grueso y añada el ajo y la cebolla. Sofríalos a fuego medio hasta que se ablanden. Añada el tomate y prolongue la cocción durante unos 7-8 minutos más o hasta que la salsa haya espesado. Salpimiente.

Vierta la salsa de tomate en una fuente de horno poco profunda y disponga encima los pimientos rellenos. Hornéelos en un horno precalentado a 180 °C durante 30 minutos o hasta que los pimientos estén blandos y el queso se haya fundido. Sirva inmediatamente.

Para 4 personas

POLONIA

Babka de patata y champiñón

Kartofl babka mit shveml

900 g de patatas
2-3 cucharadas de leche caliente
4 cucharadas de mantequilla
450 g de champiñones, en láminas finas
3 cucharadas de perejil de hoja plana, picado fino
4 huevos, separados
sal y pimienta negra recién molida
crema agria o *smetana*, para servir

Este plato clásico se suele servir acompañado de crema agria o *smetana*.

—

Hierva las patatas en abundante agua con un poco de sal durante 25 minutos o hasta que estén tiernas. Escúrralas y, cuando se hayan enfriado lo bastante para que pueda manipularlas, pélelas y páselas por un prensapatatas. Añada la leche y la mitad de la mantequilla y remueva bien.

Funda el resto de la mantequilla en una sartén de fondo grueso y añada los champiñones. Cuézalos a fuego medio hasta que estén tiernos y añada el puré de patatas, el perejil y las yemas de huevo. Salpimiente y remueva bien.

Bata las claras de huevo a punto de nieve y añádalas a la mezcla. Viértalo todo en una fuente de horno y hornee en un horno precalentado a 180 °C durante 40 minutos o hasta que se haya levantado y dorado. Sirva inmediatamente, acompañado de crema agria o *smetana*.

Para 4-6 personas

TURQUÍA

Triángulos de calabaza

Filas de balkabak

8 hojas grandes de pasta filo fresca o descongelada

aceite de oliva virgen extra, para pintar

Para el relleno

500 g de calabaza cocida y triturada

100 g de queso feta o *beyaz peynir* (queso blanco turco), machacado con un tenedor

50 g de queso parmesano o *kashkaval* recién rallado

1 huevo, batido

Las *filas* son pastas de masa fina como el papel que los sefardíes adoptaron de los turcos e hicieron suyas, rellenándolas de queso, espinacas, berenjena o calabaza. Aunque suelen ser pequeñas y triangulares, también se pueden preparar en forma de tarta grande.

—

Para el relleno, deposite el puré de calabaza, el queso feta, el parmesano y el huevo en un cuenco y remueva bien.

Corte la pasta filo en tiras de unos 30 cm x 10 cm. Apílelas y cúbralas con un paño, para que no se sequen. Coja una y píntela con un poco de aceite de oliva. Coloque una cucharada del relleno en el extremo inferior de la tira de pasta. Con cuidado, levante la esquina derecha y pliéguela para formar un triángulo. Píntela con un poco de aceite de oliva y vuélvala a plegar una y otra vez hasta que llegue al extremo superior de la tira de pasta. Repita con el resto de la pasta y del relleno.

Deposite los triángulos de pasta rellenos en una bandeja de horno engrasada con aceite y pinte la parte superior con un poco de aceite. Hornee en un horno precalentado a 180 °C durante 20-25 minutos o hasta que estén crujientes y dorados.

Para unos 32 triángulos

ALEMANIA

Kugel de patata y zanahoria

Kartoffel kugel mit mehren

900 g de patatas, peladas y ralladas

2 zanahorias medianas, ralladas

2 cebollas medianas, ralladas

3 huevos grandes, batidos

sal y pimienta negra recién molida

4 cucharadas de mantequilla fundida

En los hogares asquenazíes se preparan todo tipo de *kugels* (pasteles dulces o salados), sobre todo con patatas, manzanas o *lokshen* (vermicelli). El *kugel* de patata se puede elaborar con puré de patata o con patatas ralladas. Hay cocineros que añaden un poco de zanahoria o de manzana rallada y otros prefieren espesar el *kugel* con un poco de harina de trigo o de matzá. El *kugel* de patata se puede hacer en el horno o lentamente en una sartén grande sobre los fogones, hasta que esté crujiente y dorado por ambos lados. Tradicionalmente, los *kugels* se sirven para el sabbat y el Sucot.

—

Deposite la patata, la zanahoria, la cebolla y los huevos en un cuenco grande y remueva bien. Salpimiente.

Vierta la mitad de la mantequilla fundida sobre una fuente de horno grande y poco profunda y agítela con cuidado para que la base y los laterales queden bien impregnados. Añada la mezcla de patata y riéguela con el resto de la mantequilla.

Hornee el *kugel* en un horno precalentado a 190 °C durante 1 hora o 1 hora y 15 minutos o hasta que el pastel se haya dorado. Sírvalo caliente.

Para 4 personas

TURQUÍA

Croquetas de patata y espinacas

Fritikas de espinaka kon patatas

225 g de espinacas

900 g de patatas

2 huevos, separados

sal y pimienta negra recién molida

harina de trigo o de matzá, para rebozar

aceite de oliva, para freír

Estas deliciosas croquetas pueden ser tanto un segundo plato ligero como un acompañamiento. Tradicionalmente, se preparan para el Ros Hashaná o para la Pascua judía (en este caso, se usa matzá en lugar de harina de trigo).

—

Lave bien las espinacas y cuézalas sin agua adicional en una cazuela a fuego medio (el agua adherida a las hojas bastará para impedir que se quemen). Escúrralas, presiónelas para eliminar el exceso de agua y píquelas finamente.

Hierva las patatas en abundante agua con un poco de sal durante 25 minutos o hasta que estén tiernas. Escúrralas y, cuando se hayan enfriado lo suficiente para que pueda manipularlas, pélelas y páselas por un pasapurés o un prensapatatas. Añada las espinacas y las yemas de huevo y remueva bien. Salpimiente. Forme bolas del tamaño de una nuez y aplástelas ligeramente. Déjelas enfriar.

Mientras, bata las claras de huevo a punto de nieve. Sumerja las croquetas en la clara y luego rebócelas en la harina. Fríalas por tandas en abundante aceite caliente hasta que estén doradas por ambos lados. Escúrralas sobre papel de cocina y sírvalas calientes.

Para 4-5 personas

FRANCIA

Gratén de verduras para la Shavuot

Gratin de Chavuot

450 g de calabacines

450 g de berenjenas

150 ml de aceite de oliva virgen extra

2 cebollas grandes, en rodajas finas

450 g de tomates maduros, pelados, sin semillas y troceados

150 g de queso gruyer o parmesano rallado

2 cucharadas de hojas de albahaca troceadas

sal y pimienta negra recién molida

3 cucharadas de pan rallado

Este delicioso gratén provenzal consiste en capas de calabacín, berenjena, cebolla, salsa de tomate y queso rallado. Si quiere, puede freír las láminas de calabacín y de berenjena, pero yo prefiero hacerlas al horno, porque así se usa menos aceite.

—

Corte las puntas de los calabacines y pele las berenjenas. Corte ambas verduras longitudinalmente en láminas de unos 5 mm de grosor. Disponga las láminas sobre una hoja de papel de aluminio bien engrasada con aceite y píntelas generosamente con aceite de oliva. Áselas en el horno o el grill hasta que se doren. Deles la vuelta y repita.

Mientras, caliente 3 cucharadas de aceite de oliva en una sartén grande y añada la cebolla. Sofríala a fuego medio hasta que se empiece a dorar y remueva de vez en cuando para que la cocción sea homogénea. Añada el tomate y cueza durante 7-8 minutos más o hasta que la salsa haya espesado.

En una fuente de horno poco profunda y engrasada con aceite disponga los calabacines, las berenjenas y la salsa de tomate y cebolla en capas, salpimentando y espolvoreando cada una de ellas con el queso rallado y las hojas de albahaca troceadas. Mezcle el pan rallado con el resto del queso y espolvoree por encima. Riegue con 2 cucharadas de aceite de oliva y hornee en un horno precalentado a 180 °C durante 45 minutos o hasta que se haya dorado. Sirva caliente.

Para 4 personas

Huevos

> «El amor y los huevos son mejores frescos.»
> PROVERBIO YIDDISH

Los huevos son un símbolo de fertilidad desde los tiempos bíblicos y siempre han sido importantes en la cultura y la tradición judías. En el pasado, se regalaban huevos, y especialmente huevos crudos con yema doble, a las novias para propiciar la fertilidad y protegerlas del mal de ojo. Tradicionalmente, los huevos también se preparan después de un funeral, porque simbolizan la muerte y el luto, además de la continuidad de la vida.

El huevo es uno de los alimentos más versátiles que existen. Además de constituir un alimento completo por sí mismos, se pueden hervir, asar, freír, pasar por agua o prepararse en forma de huevos revueltos y tortillas. Los judíos sefardíes tienen una manera única de prepararlos para el sabbat. Los llaman huevos *haminados* y son huevos cocidos a fuego muy lento durante toda la noche, con un poco de aceite y pieles de cebolla, hasta que las cáscaras adquieren un color marrón oscuro (a veces se añade café molido para intensificar el color). Originalmente se cocían en un horno, cubiertos de brasas, lo que explica la traducción literal de su nombre: «huevos al horno».

TÚNEZ

Huevos revueltos con salsa picante
Ojja

3 cucharadas de aceite de oliva virgen extra

6 dientes de ajo, picados finos

1 cucharada de concentrado o pasta de tomate, disuelta en un poco de agua caliente

1-2 cucharaditas de harissa (página 36), o al gusto

$\frac{1}{2}$ cucharadita de semillas de alcaravea molidas

$\frac{1}{2}$ cucharadita de semillas de cilantro molidas

$\frac{1}{2}$ cucharadita de pimentón

sal

8 huevos, batidos

2 cucharadas de perejil de hoja plana, picado fino

En esta receta, los huevos revueltos se preparan con una salsa picante elaborada con concentrado de tomate, harissa, abundante ajo, alcaravea y cilantro molido, que les da un sabor delicioso y un brillante color naranja.

—

Caliente el aceite de oliva en una sartén de fondo grueso, añada el ajo y sofríalo a fuego medio durante 1-2 minutos, sin que se tueste. Agregue el concentrado de tomate diluido, la harissa y las especias, sazone y remueva bien. Lleve a ebullición y prolongue la cocción a fuego lento durante 5 minutos.

Añada los huevos y cuézalos a fuego lento, sin dejar de remover con una cuchara de madera, hasta que adquieran una consistencia cremosa. Sírvalos inmediatamente, adornados con el perejil.

Para 4-6 personas

MARRUECOS

Huevos revueltos con cebolla

Oeufs brouillés a l'oignon

3 cucharadas de aceite de oliva virgen extra
2 cebollas grandes, picadas
2 cucharadas de perejil de hoja plana, picado fino
½ cucharadita de cúrcuma molida
sal y pimienta negra recién molida
6 huevos, batidos

Este plato es un delicioso tentempié o almuerzo ligero. Los judíos asquenazíes preparan uno parecido (*eier mit zwiebel*), pero sin la cúrcuma.

—

Caliente el aceite de oliva en una sartén de fondo grueso y añada la cebolla. Sofríala hasta que se haya ablandado y remueva de vez en cuando, para que la cocción sea homogénea. Añada el perejil y la cúrcuma, salpimiente y prolongue la cocción durante 3 minutos. Añada los huevos y cuézalos a fuego lento, sin dejar de remover con una cuchara de madera, hasta que adquieran una consistencia cremosa. Sírvalos inmediatamente.

Para 4 personas

IRAK, SIRIA

Tortillitas de queso

Ejjeh ab jiben

3 huevos grandes
1-2 dientes de ajo, majados
225 g de queso feta, desmenuzado
¼ de cucharadita de pimienta de Jamaica molida
pimienta negra recién molida
aceite de oliva virgen extra, para freír

Estas deliciosas tortitas, o tortillas, son tradicionales en la Shavuot. También constituyen un almuerzo sabroso servidas con pan de pita caliente ligeramente tostado, ensalada verde y olivas.

—

Bata los huevos en un cuenco y añada el ajo, el queso feta y la pimienta de Jamaica. Remueva bien y condimente con pimienta. Haga las tortillas por tandas: caliente un poco de aceite de oliva en una sartén de fondo grueso, añada la mezcla a cucharadas y aplánelas con el dorso de una cuchara. Fríalas a fuego medio hasta que estén doradas por ambas caras. Repita hasta terminar con la mezcla y añada más aceite si es necesario. Sírvalas calientes.

Para 4 personas

TURQUÍA

Huevos cocidos en salsa de tomate y especias

Huevos kon tomates

2 cucharadas de aceite de oliva virgen extra

3 cebollas tiernas, picadas finas

450 g de tomates, pelados, sin semillas y troceados

½ cucharadita de cúrcuma molida

½ cucharadita de comino molido

4 huevos

2 cucharadas de perejil de hoja plana, picado fino

sal y pimienta negra recién molida

Este plato de diario procede de Esmirna y se suele servir acompañado de un cuenco de yogur frío. A veces se omiten las especias y, durante la cocción, se cubren los huevos con una delgada lámina de queso, como *kashkaval* o emmental.

—

Caliente el aceite de oliva en una sartén grande y añada las cebollas tiernas. Sofríalas a fuego medio hasta que se empiecen a dorar. Añada el tomate y las especias y prolongue la cocción durante 10 minutos o hasta que la salsa se empiece a espesar.

Presione con una cuchara para hacer cuatro hendiduras en la salsa. Con cuidado, casque un huevo sobre cada una de ellas. Espolvoree con el perejil y salpimente. Cubra la cazuela con una tapa que ajuste bien y cueza a fuego lento hasta que los huevos hayan cuajado (unos 4-5 minutos). Sirva inmediatamente.

Para 2-4 personas

IRÁN

Tortilla de patatas iraní

Kuku-ye sibzamini

450 g de patatas harinosas
1 cebolla mediana, rallada
4 huevos, batidos
50 g de perejil de hoja plana, picado fino
½ cucharadita de cúrcuma molida
¼ de cucharadita de cardamomo molido
sal y pimienta negra recién molida
2-3 cucharadas de *ghee*, mantequilla o aceite de oliva

Los judíos iraníes cuentan con un amplio repertorio de *kuku* (tortillas), que suelen preparar para el sabbat. Esta, con patata, cebolla, perejil y especias, es deliciosa y muy ligera.

—

Pele las patatas y rállelas gruesas. Colóquelas en un cuenco, junto a la cebolla, los huevos, el perejil, la cúrcuma y el cardamomo. Remueva bien y salpimiente.

Caliente el *ghee* en una sartén grande de fondo grueso y vierta la mezcla de huevo y patata. Tape la sartén y cueza a fuego lento hasta que el fondo se haya dorado. Con cuidado, dele la vuelta a la tortilla. Manténgala al fuego hasta que el fondo esté dorado. Deslícela sobre una fuente de servir y sírvala caliente, cortada en cuñas, como un pastel.

Para 4 personas

SIRIA

Tortitas de calabacín y cebolla tierna

Ejjeh kusa

2-3 calabacines pequeños, unos 350 g en total

4 huevos

3 cebollas tiernas, en rodajas finas

3 cucharadas de hojas de menta, picadas finas

un puñado de perejil de hoja plana, picado fino

2 dientes de ajo, picados finos

2 cucharadas de harina

¼ de cucharadita de canela molida

¼ de cucharadita de pimienta de Jamaica molida

sal y pimienta negra recién molida

aceite de oliva, para freír

Estas tortitas son un tentempié, almuerzo ligero o cena excelente. También son habituales en el sabbat, bar mitzvá y otras ocasiones especiales, porque se pueden servir tanto calientes como frías. Puede preparar esta misma receta en forma de tortilla grande, como una *kuku* persa, y servirla cortada en trocitos.

—

Corte las puntas de los calabacines y rállelos gruesos. Deposite la ralladura en un colador colocado sobre un cuenco y presione para que expulse el exceso de líquido.

Bata los huevos en un cuenco grande y añada el calabacín, la cebolla tierna, las hierbas, el ajo, la harina y las especias y remueva bien. Salpimiente.

Haga las tortillas por tandas: caliente un poco de aceite de oliva en una sartén de fondo grueso, añada cucharadas de la mezcla de calabacín y aplánelas con una cuchara. Fríalas a fuego medio hasta que estén doradas por ambas caras. Repita hasta terminar con la mezcla y añada más aceite si es necesario. Sírvalas calientes o frías.

Para 4 personas

IRÁN

Tortilla de hierbas con nueces y agracejos

Kuku sabzi

3 cebollas tiernas, picadas muy finas

50 g de perejil de hoja plana, picado fino, con las hojas aparte y picadas finas

25 g de eneldo, picado fino

25 g de cilantro, picado fino

2 cucharadas de nueces recién cascadas, picadas finas en una batidora o robot de cocina

1-2 cucharadas de agracejos o arándanos rojos secos, o al gusto

4 huevos

1-2 cucharaditas de harina

½ cucharadita de cúrcuma molida

½ cucharadita de canela molida

½ cucharadita de cilantro molido

sal y pimienta negra recién molida

3 cucharadas de mantequilla, *ghee* o aceite de oliva

Esta es una de las tortillas más conocidas del repertorio de los judíos iraníes y se suele preparar para el sabbat. Se elabora con varias hierbas y verduras, como perejil, cilantro, eneldo, lechuga y cebolla tierna, aunque las proporciones exactas varían en función de la disponibilidad. En esta receta, los agracejos aportan un delicioso sabor ácido. La *kuku sabzi* está muy buena como acompañamiento de bebidas y entonces se sirve cortada en cuadraditos y adornada con nueces troceadas.

—

Deposite las cebollas tiernas y las hierbas en un cuenco y remueva bien. Añada las nueces y los agracejos y vuelva a remover.

Bata los huevos en un cuenco grande, con la harina y las especias. Añada la mezcla de hierbas y nueces y remueva bien. Salpimiente.

Caliente la mantequilla en una sartén grande de fondo grueso y, cuando esté caliente, vierta la mezcla de huevo. Tape la sartén y cueza a fuego lento durante 15-20 minutos o hasta que el fondo se haya dorado. Ponga la sartén bajo un grill durante 20 segundos, para que la parte superior se cuaje y, con cuidado, dele la vuelta a la tortilla. Manténgala en el fuego hasta que el fondo esté dorado. Deslícela sobre una fuente de servir y sírvala caliente, cortada en cuñas, como un pastel.

Para 4 personas

ITALIA

Frittata de espinacas con uvas pasas y piñones

Frittata di spinaci

450 g de espinacas

3 cucharadas de aceite de oliva virgen extra

1 cebolla pequeña, picada fina

3 cucharadas de uvas pasas

3 cucharadas de piñones

3 huevos

2 cucharaditas de harina de matzá

nuez moscada rallada

sal y pimienta negra recién molida

1 cucharada de mantequilla

1-2 cucharaditas de azúcar, o al gusto

Esta frittata veneciana es un plato tradicional durante la Pascua judía. Aunque se suele servir fría y ligeramente espolvoreada con azúcar, también está muy buena caliente.

—

Lave bien las espinacas y cuézalas sin agua adicional en una cazuela a fuego moderado durante 5-7 minutos o hasta que estén tiernas (el agua adherida a las hojas bastará para impedir que se quemen). Escúrralas bien y presiónelas para eliminar tanto líquido como sea posible. Píquelas finas.

Caliente 2 cucharadas de aceite de oliva en una sartén de fondo grueso, añada la cebolla y sofríala a fuego moderado hasta que se ablande. Añada las uvas pasas y los piñones y prolongue la cocción hasta que los piñones se doren. Añada la espinaca, remueva y cueza a fuego lento durante 2-3 minutos, para que los sabores se mezclen.

Bata los huevos en un cuenco grande y añada la mezcla de espinacas y la matzá, remueva, condimente con la nuez moscada, la sal y la pimienta.

En la misma sartén, caliente el resto del aceite de oliva y la mantequilla y, cuando estén calientes, vierta la mezcla de huevo. Tape la sartén y cueza a fuego lento durante 15-20 minutos o hasta que el fondo se haya dorado. Ponga la sartén bajo un grill durante 20 segundos, para que la parte superior se cuaje y, con cuidado, dele la vuelta a la frittata. Manténgala al fuego hasta que el fondo esté dorado. Deslícela sobre una fuente de servir y espolvoréela con azúcar. Sírvala caliente o fría, cortada en cuñas, como un pastel.

Para 4 personas

ITALIA

Pastel de alcachofa

Tortino di carciofi

4 alcachofas

1 limón, cortado por la mitad

harina de trigo o de matzá, para rebozar

aceite de oliva, para freír

4 huevos

2 cucharadas de crema de leche espesa

sal y pimienta negra recién molida

Este plato, originario de la Toscana, se suele preparar para la Pascua judía, que coincide con la temporada de las alcachofas. En este caso, se usa matzá en lugar de harina de trigo.

—

Corte y pele los tallos de las alcachofas y retire las hojas externas, duras y no comestibles. Corte las alcachofas por la mitad y retire los filamentos. Frote los fondos de las alcachofas con las mitades de limón, para evitar que se oxiden, y córtelas en láminas de 5 mm. Rebócelas con un poco de harina y fríalas en abundante aceite caliente hasta que estén doradas por ambos lados. Escúrralas sobre papel de cocina.

Bata los huevos y la crema de leche en un cuenco y salpimiente.

Disponga las láminas de alcachofa sobre el fondo de una fuente de horno poco profunda y vierta encima la mezcla de huevo. Hornee en un horno precalentado a 190 °C durante 25-30 minutos o hasta que la parte superior se haya dorado y el huevo haya cuajado. Sirva inmediatamente.

Para 4 personas

TURQUÍA Y GRECIA

Fritada de berenjena y queso blanco

Fritada de berenjena

2 berenjenas grandes, unos 675 g en total

2 cucharadas de aceite de oliva virgen extra

150 g de queso feta o *beyaz peynir* (queso blanco turco), machacado con un tenedor

3 huevos, ligeramente batidos

3 cucharadas de queso parmesano o *kefalotyri* recién rallado

sal y pimienta negra recién molida

La fritada sefardí se parece a la *frittata* italiana, pero se suele hacer en el horno en lugar de en los fogones. Normalmente, las fritadas se preparan con espinacas, acelgas, patatas, calabaza, puerros o calabacines. A veces se añade un poco de puré de patatas o de harina de matzá, sobre todo durante la Pascua judía.

—

Ase las berenjenas enteras en el grill hasta que se hayan ablandado y la piel esté completamente negra. Cuando se hayan enfriado lo suficiente para que las pueda manipular, extraiga la pulpa con una cuchara y deseche la piel. No se preocupe si se lleva también un poco de la piel carbonizada: potenciará el sabor. Deposite la pulpa en el interior de un cuenco y macháquela con un tenedor. Añada el aceite de oliva y remueva bien.

Añada el queso feta a la berenjena y a continuación también los huevos y la mitad del queso rallado. Salpimiente. Vierta la mezcla en una fuente de horno bien engrasada con mantequilla y espolvoree por encima el resto del queso rallado. Hornee en un horno precalentado a 180 °C durante 40-45 minutos o hasta que el queso esté dorado. Sirva caliente.

Para 4 personas

GRECIA

Fritada de puerro y patata

Fritada di prassa

450 g de puerros

1 patata mediana, de unos 225 g

3 huevos grandes

3 cucharadas de aceite de oliva

75 g de queso parmesano o *kefalotyri* recién rallado

2 cucharadas de perejil de hoja plana, picado fino

nuez moscada rallada

sal y pimienta negra recién molida

Esta sencilla fritada de Tesalónica es muy ligera y fácil de preparar y, tradicionalmente, se sirve como parte de una comida con lácteos, sobre todo durante la Pascua judía.

—

Corte las puntas de los puerros y córtelos en rodajas finas, también un poco de la parte verde oscura. Cuézalos al vapor durante 10-15 minutos o hasta que estén muy tiernos. Cuando se hayan enfriado lo suficiente para que pueda manipularlos, exprímalos con las manos, para que expulsen tanto líquido como sea posible.

Mientras, hierva la patata en abundante agua con un poco de sal hasta que esté tierna. Escúrrala y, cuando se haya enfriado lo suficiente para que la pueda manipular, pélela y pásela por el prensapatatas. Añada los puerros, los huevos, el aceite de oliva, 50 g del queso parmesano rallado y el perejil. Condimente con nuez moscada, sal y pimienta y remueva bien.

Vierta la mezcla en una fuente de horno poco profunda y previamente engrasada con aceite. Espolvoree con el resto del queso rallado. Hornee en un horno precalentado a 180 °C durante 40-45 minutos o hasta que el queso se haya dorado. Sirva caliente.

Para 4 personas

FRANCIA

Tortilla verde provenzal

Omelette verte

225 g de acelgas

un puñado de perejil de hoja plana, sin los tallos

2 cucharadas de hojas de albahaca

1 cucharadita de hojas de mejorana

1 diente de ajo, majado

4 huevos grandes

nuez moscada rallada

sal y pimienta negra recién molida

2 cucharadas de aceite de oliva virgen extra

Esta deliciosa tortilla provenzal es muy habitual en las mesas durante el Rosh Hashaná. Se puede preparar con acelgas, espinacas, hojas de remolacha o una combinación de las tres.

—

Lave la acelga, corte los tallos y los nervios más gruesos (puede aprovecharlos para sopas o guisos). Cueza las hojas sin agua adicional en una cazuela tapada a fuego medio durante 7-8 minutos o hasta que estén tiernas (el agua adherida bastará para impedir que se quemen). Escúrralas bien y trocéelas.

Maje las hierbas y el ajo en un mortero hasta que formen una pasta verde espesa. Bata los huevos en un cuenco y añada la pasta de hierbas y las acelgas. Remueva bien y condimente con la nuez moscada, la sal y la pimienta.

Caliente el aceite de oliva en una sartén de fondo grueso y, cuando esté caliente, vierta la mezcla de huevo. Tape la sartén y cueza a fuego lento hasta que el fondo se haya dorado. Ponga la sartén bajo un grill durante 20 segundos, para que la parte superior se cuaje y, con cuidado, dele la vuelta a la tortilla. Manténgala al fuego hasta que el fondo esté dorado. Deslícela sobre una fuente de servir y sírvala caliente, cortada en cuñas, como un pastel.

Para 4 personas

Verduras

> «El hambre es el mejor condimento.»
> PROVERBIO JUDÍO

La predilección de los judíos por las verduras, y especialmente por las alcachofas y las berenjenas, es muy conocida. Tanto es así que, en Italia, la berenjena solía recibir el nombre de «la comida de los judíos». Los judíos de Oriente Medio son entusiastas de la cebolla y del ajo desde tiempos bíblicos y judíos de todo el mundo, desde India hasta el norte de África, disfrutan con las verduras rellenas, los buñuelos y las croquetas de verduras y, sobre todo, con las verduras agridulces. De hecho, muchos platos agridulces italianos llevan el añadido *all'ebraica* o *alla giudea* (al estilo judío).

Los mercaderes judíos españoles fueron claves en la introducción en el Mediterráneo de las verduras procedentes del Nuevo Mundo: tomates, maíz, alubias, patatas y pimientos. Los judíos las incorporaron rápidamente a su cocina y, cuando los sefardíes huyeron de España tras su expulsión, llevaron consigo estas verduras nuevas, además del conocimiento acerca de cómo prepararlas.

Las verduras desempeñan un papel muy importante en muchas de las festividades judías. El ayuno del Tisha b'Av, durante el que está prohibido el consumo de carne y pescado, se suele romper con guisos sencillos de verduras o legumbres. Durante el Sucot, el Festival de la cosecha, se preparan todo tipo de verduras rellenas y de guisos de verduras. Los judíos asquenazíes suelen servir *holishkes* (col rellena) y los judíos argelinos preparan *loubi* (alubias cocidas en una salsa de tomate especiada); por su parte, los judíos de los Balcanes preparan *giuvech*, un guiso de verduras variadas. Durante el Rosh Hashaná se preparan verduras verdes como espinacas, judías verdes, col, calabacines y habas, como símbolo del renacimiento y de la renovación. En Túnez, la mayoría de festividades judías empiezan con un plato de habas: tradicionalmente se las considera un alimento de pobres, por lo que sirven para recordar a las personas pobres y menos afortunadas del mundo. Se dice también que el haba representa al pueblo judío y la vaina simboliza la protección divina.

MARRUECOS

Tajín de alcachofas y habitas con olivas verdes y jengibre

Tajine d'artichauts et de feves

9 fondos de alcachofa congelados, descongelados y cortados en cuartos

200 g de habitas frescas recién desenvainadas o congeladas

6 cucharadas de aceite de oliva virgen extra

1 diente de ajo, picado fino

1 cucharadita de jengibre recién rallado

$\frac{1}{2}$ cucharadita de cúrcuma molida

225 ml de caldo de verduras o de agua

75 g de olivas verdes, sin hueso y cortadas por la mitad

el jugo de $\frac{1}{2}$ limón

sal y pimienta negra recién molida

2 cucharadas de perejil de hoja plana o de cilantro, picado fino

La combinación primaveral de alcachofas y habas es muy apreciada en todo el Mediterráneo. En esta receta marroquí, las verduras se cuecen a fuego lento en aceite de oliva y con jengibre, cúrcuma, olivas verdes y jugo de limón, que aportan una deliciosa profundidad de sabor.

—

Deposite los fondos de alcachofa, las habas, el aceite de oliva, el ajo, el jengibre y la cúrcuma en una cazuela de fondo plano y añada el caldo. Lleve a ebullición y, entonces, tape la cazuela y manténgala a fuego lento durante 30-40 minutos o hasta que las verduras estén tiernas y la salsa se haya reducido. Añada las olivas y el jugo de limón y salpimiente. Prolongue la cocción a fuego lento, sin tapar, durante otros 10 minutos, para que los sabores se mezclen bien. Sirva caliente y decore con el perejil.

Para 4 personas

ITALIA

Gratén de espárragos

Asparagi al gratin

900 g de espárragos
3 cucharadas de pan rallado
1-2 cucharadas de mantequilla

Para la salsa bechamel
4 cucharadas de mantequilla
3 cucharadas de harina
450 ml de leche caliente
nuez moscada rallada
sal y pimienta negra recién molida
3 cucharadas de queso parmesano recién rallado

Tradicionalmente, este plato se sirve como parte de la cena de los jueves, pero también es excelente como almuerzo ligero o como acompañamiento.

—

Corte las puntas de los espárragos y pele las partes más fibrosas y no comestibles de los tallos inferiores. Cuézalos al vapor durante 15-20 minutos o hasta que justo empiecen a estar tiernos.

Mientras, prepare la bechamel: funda la mantequilla en un cazo de fondo grueso y añada la harina poco a poco. Prolongue la cocción durante 1 minuto sin que se tueste y sin dejar de remover. Añada un poco de leche caliente y remueva enérgicamente con una cuchara de madera, con la salsa a fuego moderado, hasta que la mezcla no tenga grumos. Añada gradualmente el resto de la leche caliente hasta que la salsa se haya ligado del todo y quede suave y cremosa. Condimente con la nuez moscada, la sal y la pimienta. Retire de fuego y añada el queso parmesano.

Vierta un poco de la bechamel en el fondo de una fuente de horno bien engrasada con mantequilla. Disponga los espárragos encima y vierta el resto de la salsa sobre ellos. Espolvoree el pan rallado y esparza daditos de mantequilla. Hornee en un horno precalentado a 190 °C durante 20-25 minutos o hasta que la superficie se dore. Sirva caliente.

Para 4 personas

TURQUÍA

Berenjenas dulces fritas
Papeyado de berendjena

4 berenjenas medianas, de unos 900 g en total
sal
2 huevos, ligeramente batidos
aceite de oliva, para freír
azúcar, para espolvorear

Estas deliciosas berenjenas fritas son tradicionales para el Rosh Hashaná. Se suelen servir espolvoreadas con azúcar, para simbolizar un Año Nuevo dulce. También puede usar rodajas de calabaza.

—

Corte los extremos de las berenjenas y córtelas en rodajas de unos 5 mm de grosor. Espolvoréelas con sal y déjelas durante 1 hora en un colador dispuesto sobre un cuenco, para que suelten el jugo amargo. Enjuague la sal y seque a toquecitos.

Reboce las rodajas de berenjena con el huevo y fríalas en abundante aceite caliente hasta que estén doradas por ambos lados. Séquelas sobre papel de cocina. Sírvalas calientes y espolvoreadas con azúcar.

Para 4-6 personas

AUSTRIA

Judías verdes agridulces
Ziss-sauer grune bohnen

450 g de judías verdes
2 cucharadas de mantequilla
1-2 cucharaditas de azúcar, o al gusto
3 cucharadas de vinagre de manzana
sal y pimienta negra recién molida

Corte las puntas de las judías y retire los filamentos laterales. Córtelas en tiras de 4 cm y cuézalas al vapor durante 10-15 minutos o hasta que estén tiernas.

Funda la mantequilla en una sartén grande y añada el azúcar y el vinagre. Remueva y añada las judías verdes. Vuelva a remover para que todas se impregnen bien con la salsa. Salpimiente y deje cocer a fuego lento 3-4 minutos más para que los sabores se mezclen. Sirva inmediatamente.

Para 4 personas

SIRIA

Berenjenas con cebolla, tomate y chiles rojos

Mussaka'a batinjan

900 g de berenjenas pequeñas

sal

aceite de oliva, para freír

3 cebollas medianas, picadas

3 dientes de ajo, picados finos

2-3 chiles rojos, sin semillas y picados finos

450 g de tomates, pelados, sin semillas y troceados

Este plato es un habitual del sabbat, porque se puede preparar con antelación y servirse frío al día siguiente. También está muy bueno caliente y acompañado de arroz pilaf.

—

Corte los extremos de las berenjenas y córtelas en rodajas de unos 5 mm de grosor. Espolvoréelas con sal y déjelas durante 1 hora en un colador dispuesto sobre un cuenco para que suelten el jugo amargo. Enjuague la sal y séquelas a toquecitos. Fríalas en aceite caliente, hasta que se doren por ambos lados. Séquelas sobre papel de cocina.

Vierta 2 cucharadas de aceite en la misma sartén y añada la cebolla, el ajo y los chiles. Sofríalos a fuego medio, hasta que la cebolla se empiece a dorar. Remueva de vez en cuando para que la cocción sea homogénea. Añada el tomate y cueza a fuego lento durante 10 minutos más. Agregue la berenjena frita y deje a fuego lento durante 10 minutos o hasta que los sabores se hayan mezclado bien. Sirva frío o caliente.

Para 4-6 personas

TURQUÍA

Rollitos de berenjena rellenos de queso blanco

Yaprakes de berenjena

2-3 berenjenas grandes, unos 900 g en total

aceite de oliva, para pintar

225 g de queso feta o *beyaz peynir* (queso blanco turco), machacado con un tenedor

1 huevo y 1 yema adicional, ligeramente batidos juntos

sal y pimienta negra recién molida

perejil de hoja plana, para servir

Este plato es excelente como almuerzo ligero, por ejemplo, acompañado de salsa de tomate o una ensalada. Son rollitos de láminas de berenjena asada, cubiertas de una mezcla de *beyaz peynir* (un queso blanco fresco) y huevo.

—

Corte los extremos de las berenjenas y córtelas longitudinalmente en láminas de unos 5 mm de grosor. Dispóngalas sobre una fuente de horno engrasada con aceite y píntelas con un poco de aceite. Áselas al grill hasta que estén doradas por ambos lados.

Mezcle el queso feta y el huevo batido en un cuenco y salpimiente. Con una cuchara, ponga un poco de este relleno en un extremo de cada lámina de berenjena y enróllelas. Disponga los rollitos de berenjena rellenos en una hilera sobre una bandeja de horno bien engrasada. Métalos en un horno precalentado a 180 ºC durante 15-20 minutos o hasta que el queso se haya fundido. Sírvalos calientes y espolvoreados con el perejil.

Para 4 personas

TÚNEZ Y ARGELIA

Judías blancas norteafricanas con salsa picante
Loubia

225 g de judías blancas secas

2 cucharadas de aceite de oliva virgen extra

1 cebolla mediana, picada

4-5 dientes de ajo, picados finos

3 tomates maduros, pelados, sin semillas y troceados

2 cucharaditas de harissa (página 36), o al gusto

1 hoja de laurel

1 cucharadita de pimentón

½ cucharadita de comino molido

sal y pimienta negra recién molida

3 cucharadas de perejil de hoja plana o de cilantro, picado fino

El *loubia* es uno de los platos preferidos por los judíos tunecinos y argelinos, que suelen servirlo para el sabbat. Se prepara con alubias blancas cocidas a fuego lento en una salsa de cebolla y tomate muy especiada con ajo, comino y harissa.

—

Deje las judías en remojo durante una noche y escúrralas.

Caliente el aceite de oliva en una sartén y añada la cebolla. Sofríala a fuego moderado hasta que se empiece a ablandar, añada el ajo y sofría durante 1-2 minutos más. Agregue las judías, el tomate, la harissa, el laurel y las especias. Cubra las judías con agua caliente de modo que esta quede unos 2 cm por encima y lleve a ebullición. Tape la cazuela y cueza a fuego lento durante 1 hora o 1 hora y media o hasta que las judías estén tiernas y la salsa se haya espesado. Salpimiente.

Sirva caliente, con perejil por encima.

Para 4 personas

ESLOVAQUIA

Col roja agridulce con manzana y bayas de enebro

Kyslo sladka kapusta s jablka

1 col roja, de unos 900 g

2 manzanas ácidas

3 cucharadas de mantequilla

1 cebolla grande, en rodajas finas

¼ de cucharadita de clavo

3-4 bayas de enebro

4 cucharadas de agua caliente

1 cucharada de azúcar moreno

2 cucharadas de vinagre de manzana, o al gusto

sal y pimienta negra recién molida

En toda Europa central se preparan variantes de este plato, que en yiddish se llama *rote kroit mit apfeln*. En esta receta eslovaca, la col se cuece a fuego lento en mantequilla con cebolla, manzana, vinagre de manzana y azúcar. En Alemania se suelen añadir semillas de alcaravea o un puñado de uvas pasas, para intensificar el dulzor, mientras que en Alsacia a veces se usa vino tinto en lugar de agua.

—

Retire el corazón duro de la col y córtela en juliana. Pele las manzanas, quíteles el corazón y córtelas en rodajas gruesas.

Caliente la mantequilla en una cazuela de fondo grueso y añada la cebolla. Sofríala a fuego medio hasta que se empiece a dorar. Añada la col, la manzana, el clavo, las bayas de enebro y el agua caliente y lleve a ebullición. Tape la cazuela y cueza a fuego lento durante 50 minutos o hasta que la col esté muy blanda. Si es necesario, añada un poco más de agua.

Mezcle el azúcar con el vinagre de manzana y añádalo a la col. Salpimiente y cueza durante 5 minutos más para que los sabores se mezclen bien. Sirva caliente.

Para 4-6 personas

SIRIA

Col rellena de arroz, garbanzos y uvas pasas
Malfoof

1 col verde grande, de unos 1,5 kg, sin el corazón y con las hojas aflojadas, pero no cortadas

sal y pimienta negra recién molida

Para el relleno

125 g de arroz de grano largo

125 g de garbanzos cocidos y escurridos

2 cebollas medianas, picadas finas

4 cucharadas de uvas pasas

25 g de perejil de hoja plana, picado fino

¼ de cucharadita de pimienta de Jamaica

¼ de cucharadita de canela molida

2 cucharadas de aceite de oliva virgen extra

Para la salsa de tomate y tamarindo

2 cucharadas de aceite de oliva virgen extra

2 dientes de ajo, picados finos

250 g de tomates de pera en conserva, pasados por un chino o triturados en un robot de cocina

225 ml de agua caliente

1-2 cucharaditas de pasta de tamarindo, diluida en un poco de agua caliente

En este plato, las hojas de col rellenas se cuecen a fuego lento en una salsa de tomate aromatizada con tamarindo, que les da un delicioso sabor agridulce. El *malfoof* se suele servir durante el Sucot.

—

Hierva la col en una cazuela grande con agua y un poco de sal durante 7-8 minutos o hasta que las hojas exteriores se vuelvan maleables. Sáquela del agua y deje que se enfríe un poco. Entonces, retire las hojas exteriores sin romperlas y vuelva a meter la col en la cazuela. Repita la operación hasta que todas las hojas se hayan cocido y las haya retirado. Aunque solo rellenará las hojas exteriores, más grandes, reserve también algunas de las pequeñas.

Para preparar el relleno, hierva el arroz en agua con un poco de sal durante 10-15 minutos. Escúrralo bien y mézclelo con los garbanzos, la cebolla, las uvas pasas, el perejil, las especias y el aceite de oliva. Salpimiente.

Para elaborar la salsa, caliente el aceite de oliva en una cazuela y sofría el ajo a fuego medio durante 1-2 minutos sin que se llegue a dorar. Añada el tomate y el agua y lleve a ebullición. Agregue el tamarindo, remueva y salpimiente. Prolongue la cocción a fuego lento durante 5 minutos. Mientras, trabajando de hoja en hoja y con el extremo del tallo mirando hacia usted, deposite unas 2 cucharadas colmadas (en función del tamaño de la hoja) de relleno en el extremo del tallo y pliegue los lados para tapar el relleno. Enrolle las hojas en dirección opuesta a usted, hacia la punta, para formar un saquito.

Vierta un poco de la salsa en una cazuela grande y cúbrala con las hojas de col más pequeñas, que ha reservado. Disponga encima los saquitos de col en una hilera y con el cierre mirando hacia abajo, y vierta un poco de salsa sobre cada hilera. Vierta el resto de la salsa y coloque un plato pequeño y resistente al calor invertido sobre los saquitos para evitar que se abran. Tape la cazuela y lleve a ebullición. Cueza a fuego lento durante 1 hora o hasta que los saquitos estén tiernos. Páselos a una fuente y sírvalos calientes.

Para 4-6 personas

POLONIA

Tzimmes de zanahoria

Mehren tzimmes

450 g de zanahorias
2 cucharadas de mantequilla
2 cucharaditas de harina
1 cucharada de azúcar
una pizca de canela molida
sal y pimienta negra recién molida
125 ml de agua caliente

Este plato básico de la cocina asquenazí se suele servir para la cena del viernes y para el Año Nuevo, ya que su sabor dulce y el parecido de las rodajas de zanahoria con monedas de oro simbolizan la esperanza de un Año Nuevo próspero.

—

Corte los extremos de las zanahorias y luego córtelas en rodajas de unos 5 mm de grosor.

Funda la mantequilla en una cazuela de fondo grueso y añada la zanahoria. Remueva bien para que todas las rodajas queden impregnadas de mantequilla. Añada la harina y remueva. Prolongue la cocción 1 minuto en el fuego, sin que la harina se tueste. Añada el azúcar y la canela y condimente al gusto. Agregue el agua caliente y cueza a fuego lento durante 5 minutos o hasta que las zanahorias estén tiernas y la salsa se haya espesado, sin dejar de remover. Sirva caliente.

Para 4 personas

ARGELIA

Calabacines con cebolla, tomate y harissa

Courgettes aux oignons et aux tomates

3-4 calabacines medianos

3 cucharadas de aceite de oliva virgen extra

1 cebolla grande, en rodajas finas

3 dientes de ajo, picados finos

4 tomates maduros, pelados y troceados

1-2 cucharaditas de harissa (página 36), o al gusto

5-6 cucharadas de agua caliente

Este plato es delicioso tanto solo como acompañado de arroz o de cuscús.

—

Corte las puntas de los calabacines y luego córtelos en rodajas de 1 cm de grosor.

Caliente el aceite de oliva en una sartén grande y añada la cebolla. Sofríala a fuego medio hasta que se empiece a dorar, agregue el ajo y prolongue la cocción durante 2 minutos más.

Añada el calabacín, el tomate, la harissa y el agua caliente. Sazone y lleve a ebullición. Tape la cazuela y cueza a fuego lento durante 30-40 minutos o hasta que los calabacines estén tiernos y la salsa se haya reducido. Sirva caliente.

Para 4 personas

ARGELIA

Coliflor con cebolla, tomate y comino

Brouklou bsal wa tomatich

1 coliflor mediana
3 cucharadas de aceite de oliva virgen extra
2 cebollas medianas, picadas
4 tomates maduros, pelados, sin semillas y troceados
1 cucharadita de comino molido
1-2 cucharaditas de harissa (página 36) o al gusto
sal

En esta receta, primero se cuece la coliflor al vapor y luego se deja a fuego lento en una deliciosa salsa de tomate y cebolla especiada con harissa.

—

Corte el tallo de la coliflor y rómpala en floretes. Cuézala al vapor durante 5-6 minutos o hasta que empiece a estar tierna.

Caliente el aceite de oliva en una sartén grande y añada la cebolla. Sofría a fuego medio hasta que se ablande. Agregue el tomate, el comino y la harissa y sazone. Prolongue la cocción durante 10 minutos más y añada los floretes de coliflor. Prolongue la cocción unos minutos, para que los sabores se mezclen bien. Sirva caliente.

Para 4-6 personas

TURQUÍA

Lentejas sefardíes estofadas

Lentejas a la djudia

300 g de lentejas verdes
600 ml de agua caliente
3 cucharadas de aceite de oliva virgen extra
2 cebollas medianas, picadas finas
4 tomates maduros, pelados, sin semillas y troceados
¼ de cucharadita de comino molido
sal
kirmizi biber o chile en escamas
un puñado de perejil de hoja plana, picado fino

Tradicionalmente, este guiso se sirve para romper el ayuno del Tisha b'Av y está muy bueno con arroz pilaf. El *kirmizi biber* es un tipo de chile de suave a picante que se usa mucho en la cocina turca, ya sea en escamas o en polvo.

—

Ponga las lentejas en remojo durante 2 horas y escúrralas. Páselas a una cazuela, cúbralas con el agua caliente y llévelas a ebullición. Tape la cazuela y cueza a fuego lento durante 1 hora o hasta que las lentejas estén casi tiernas. Si es necesario, añada un poco más de agua. Escúrralas y reserve 90 ml del líquido de cocción.

Mientras, caliente el aceite de oliva en una cazuela y añada la cebolla. Sofríala a fuego medio hasta que se empiece a ablandar. Añada el tomate y el comino y prolongue la cocción durante 7 minutos más o hasta que la salsa empiece a espesar. Añada las lentejas y el líquido de cocción que ha reservado y lleve a ebullición. Condimente con la sal y el *kirmizi biber* o las escamas de chile, tape la cazuela y deje a fuego lento durante otros 10 minutos o hasta que las lentejas estén tiernas y la salsa se haya reducido. Añada el perejil y remueva justo antes de servir. Sirva caliente.

Para 4 personas

HUNGRÍA

Paprikas de champiñones
Gombaspaprikas

450 g de champiñones
3 cucharadas de mantequilla
1 cebolla mediana, picada fina
1 cucharadita de pimentón, idealmente paprika húngaro
sal
6 cucharadas de crema agria o *smetana*

Este plato de champiñones salteados en mantequilla con cebolla, paprika y crema agria se suele servir con *galuskas* (bolitas de pasta) o arroz, pero también es un relleno excelente para tortitas. Como se trata de una receta muy sencilla, lo que marcará la diferencia es usar los champiñones de mejor calidad que pueda encontrar y, si es posible, paprika húngaro.

—

Limpie con cuidado los champiñones y córtelos en láminas finas.

Funda la mantequilla en una sartén de fondo grueso y añada la cebolla. Sofríala a fuego moderado hasta que se ablande. Añada los champiñones y el paprika y remueva bien. Sazone y prolongue la cocción a fuego moderado hasta que los champiñones estén tiernos y el líquido se haya evaporado. Añada la crema agria, remueva y caliente bien la mezcla. Sirva inmediatamente.

Para 4 personas

ITALIA

Hinojo gratinado

Finocchi alla parmigiana

4 bulbos de hinojo

2 cucharadas de mantequilla, y un poco más para engrasar

sal y pimienta negra recién molida

100 g de queso parmesano recién rallado

En este plato, que tradicionalmente se sirve para la Shavuot, el hinojo se cuece al vapor y luego se fríe en mantequilla. Finalmente, se espolvorea con parmesano rallado y se gratina en el horno hasta que se dora.

—

Corte la parte inferior de los bulbos de hinojo y luego córtelos en cuñas. Cuézalos al vapor durante 10 minutos o hasta que estén tiernos. Funda la mantequilla en una sartén grande y añada el hinojo. Fríalo a fuego lento durante 5 minutos y salpimiente.

Disponga las cuñas en una sola capa sobre una fuente de horno poco profunda y engrasada con mantequilla y espolvoréelas con el parmesano rallado. Gratínelas en un horno precalentado a 200 °C durante 15 minutos o hasta que el queso esté dorado. Sirva inmediatamente.

Para 4 personas

TURQUÍA

Cebollas amarillas con uvas pasas

Sevoyas amariyas kon pasas

3 cucharadas de aceite de oliva virgen extra

½ cucharadita de cúrcuma molida

3 cebollas blancas o marrones grandes, en rodajas finas

sal y pimienta negra recién molida

75 g de uvas pasas sin semillas, puestas en remojo en agua caliente durante 20 minutos y escurridas

Este plato es un acompañamiento delicioso. Las cebollas se han de cocinar muy lentamente, hasta que queden fundentes, pero sin que se vuelvan marrones. Las uvas pasas aportan un interesante matiz dulce.

—

Caliente el aceite de oliva en una sartén grande y añada la cúrcuma. Agregue las cebollas y remueva bien, para que queden bien impregnadas de aceite. Salpimiente. Tape la sartén y cueza las cebollas a fuego lento durante 30 minutos o hasta que estén muy blandas, removiendo de vez en cuando para que no se peguen. Añada las uvas pasas y prolongue la cocción a fuego lento durante 5 minutos más. Sirva caliente.

Para 4 personas

ITALIA

Guisantes con chalotas y vino blanco

Pisellini cola cegola

3 cucharadas de aceite de oliva virgen extra

2-3 chalotas, picadas finas

2 hojas de lechuga, en juliana

450 g de guisantes finos frescos recién desenvainados o congelados

125 g de vino blanco seco

sal y pimienta negra recién molida

2 cucharadas de perejil de hoja plana, picado fino

Este clásico plato veneciano también se conoce como *piselli jeuda*, o guisantes judíos. A veces se sirve con piñones tostados.

—

Caliente el aceite de oliva en una cazuela, añada la chalota y la lechuga y póchelas. Agregue los guisantes y el vino y lleve a ebullición. Tape la cazuela y cueza a fuego lento durante 20-25 minutos o hasta que los guisantes estén tiernos y el vino se haya evaporado casi por completo. Salpimiente y sirva caliente, adornado con perejil.

Para 4 personas

GRECIA

Pimientos rellenos de arroz, piñones y pasas de Corinto
Pimentones reyenades

6-8 pimientos rojos, verdes o amarillos medianos

4-5 cucharadas de aceite de oliva virgen extra

1 cebolla mediana, picada fina

180 g de arroz de grano largo

un puñado de perejil de hoja plana, picado fino

2 cucharadas de eneldo, picado fino

3 cucharadas de piñones

3 cucharadas de pasas de Corinto

1 cucharadita de azúcar

2 tomates medianos, pelados, sin semillas y troceados

450 ml de agua caliente

sal y pimienta negra recién molida

Los pimientos rellenos son un símbolo de abundancia, por lo que es habitual verlos en las mesas durante el Purim y el Sucot. También se suelen preparar para el sabbat, porque están tan buenos calientes como a temperatura ambiente. En esta receta, que procede de Tesalónica, están rellenos de una mezcla de arroz, tomate, piñones, uvas pasas y hierbas.

—

Pinte los pimientos con aceite de oliva y colóquelos en una fuente de horno poco profunda y bien engrasada con aceite. Áselos en un horno precalentado a 180 °C durante 10 minutos. Sáquelos del horno y, cuando se hayan enfriado lo suficiente para que pueda manipularlos, corte la parte superior de todos ellos y reserve las tapas. Con una cuchara, retire las semillas y las fibras de los pimientos.

Caliente 3 cucharadas de aceite de oliva en una cazuela de fondo grueso, añada la cebolla y sofríala hasta que esté translúcida. Añada el arroz y rehóguelo durante 2-3 minutos o hasta que esté opaco. Agregue las hierbas, los piñones, las pasas de Corinto, el azúcar, el tomate y 350 ml del agua caliente. Lleve a ebullición. Salpimiente, tape la cazuela y deje a fuego lento durante 18-20 minutos o hasta que el arroz esté al dente.

Rellene los pimientos con el arroz y ciérrelos con las tapas que ha reservado. Dispóngalos uno al lado del otro en una fuente de horno poco profunda y bien engrasada con aceite y píntelos con aceite de oliva. Vierta en la fuente el agua restante. Métalos en el horno precalentado a 180 °C durante 40-45 minutos o hasta que los pimientos estén tiernos y el relleno se haya hecho del todo. Sirva caliente o a temperatura ambiente.

Para 4 personas

HUNGRÍA

Pimientos húngaros guisados

Lecso

900 g de pimientos rojos o verdes

4 cucharadas de aceite de oliva virgen extra

1 cebolla grande, picada fina

2 cucharaditas de paprika húngaro

675 g de tomates maduros, pelados, sin semillas y troceados

sal

Este plato es un clásico de la cocina húngara y consiste en pimientos guisados con cebolla, tomate y paprika. A veces se incluyen uno o dos pimientos picantes (llamados pimientos de cera húngaros o *bogyiszlói*). El *lecso* se puede servir solo, con arroz o con huevos revueltos. Además, se puede servir frío o caliente, por lo que es un habitual del sabbat.

—

Retire el corazón, las fibras y las semillas de los pimientos y córtelos en tiras de 1 cm de grosor, aproximadamente.

Caliente el aceite de oliva en una sartén grande y añada la cebolla. Sofríala a fuego moderado hasta que se empiece a dorar y añada el paprika. Remueva y agregue el pimiento. Tape la sartén y cueza a fuego lento durante 10 minutos. Añada los tomates y sazone. Vuelva a tapar la sartén y prolongue la cocción durante 30 minutos más o hasta que el pimiento esté tierno. Sirva caliente.

Para 4-6 personas

ARGELIA

Ragú de patata y olivas verdes

Ragout de pommes de terre aux olives

3 cucharadas de aceite de oliva virgen extra

1 cebolla grande, picada fina

900 g de patatas nuevas pequeñas, en mitades o en cuartos

½ cucharadita de pimentón

una pizca de cayena

350 ml de agua caliente

100 g de olivas verdes, deshuesadas y cortadas por la mitad

pimienta negra recién molida

2 cucharadas de perejil de hoja plana o de cilantro, picado fino

En Argelia, este plato se suele preparar con patatas nuevas pequeñas. En Provenza existe un plato similar, pero con tomate troceado y sin especias.

—

Caliente el aceite de oliva en una cazuela de fondo grueso y añada la cebolla. Sofríala a fuego medio hasta que se ablande. Añada las patatas, el pimentón y la cayena y remueva bien. Vierta el agua caliente y lleve a ebullición. Tape la cazuela y cueza a fuego lento durante 12 minutos o hasta que las patatas estén casi tiernas. Añada las olivas, sazone con pimienta y prolongue la cocción hasta que las patatas estén tiernas y la salsa se haya reducido. Sirva caliente, con perejil por encima.

Para 4 personas

MARRUECOS

Calabaza, cebolla y uvas pasas guisadas con miel y almendras tostadas

Potiron, oignons et raisins secs au miel

1 calabaza pequeña, de unos 900 g

4 cucharadas de aceite de oliva virgen extra

900 g de cebolla, en rodajas finas

50 g de uvas pasas, en remojo en agua caliente durante 30 minutos y escurridas

1 cucharada de miel o de azúcar

½ cucharadita de canela molida

¼ de cucharadita de jengibre molido

una buena pizca de azafrán en polvo, disuelto en un poco de agua

sal y pimienta negra recién molida

50 g de almendras blanqueadas y ligeramente tostadas en un horno a 180 °C hasta que hayan quedado doradas

Este plato de Tetuán, en el norte de Marruecos, aromatiza la calabaza con los delicados sabores de la canela, el jengibre y el azafrán. Tradicionalmente, se sirve con cuscús.

—

Corte la calabaza por la mitad, pélela y córtela en dados de unos 2 cm. Cuézala al vapor durante 10-15 minutos o hasta que esté tierna.

Mientras, caliente el aceite de oliva en una sartén grande y añada la cebolla. Sofríala a fuego lento durante 30 minutos o hasta que esté muy blanda. Añada la calabaza, las uvas pasas, la miel, la canela, el jengibre y el azafrán y remueva bien. Salpimente y prolongue la cocción 5 minutos más, para que los sabores se mezclen bien. Sirva caliente, con las almendras tostadas por encima.

Para 4-6 personas

GRECIA Y TURQUÍA

Judías blancas con espinacas y tomates

Avas kon espinaka

180 g de judías blancas secas

3 cucharadas de aceite de oliva virgen extra

1 cebolla pequeña, picada fina

3 tomates maduros, pelados, sin semillas y troceados

450 g de espinacas

sal y pimienta negra recién molida

Los judíos de los Balcanes elaboran múltiples variantes de este plato, que se suele preparar para el Sucot, acompañado de arroz pilaf.

—

Ponga las judías en remojo durante una noche y escúrralas.

Deposite las judías en una cazuela y cúbralas con agua. Lleve a ebullición, tape la cazuela y cueza a fuego lento durante 1 hora y media o hasta que las judías estén tiernas. Escúrralas y reserve unos 100 ml del agua de cocción.

Caliente el aceite de oliva en una sartén y añada la cebolla. Sofríala a fuego medio hasta que esté blanda. Añada los tomates y prolongue la cocción a fuego lento durante 5-7 minutos o hasta que la salsa haya espesado.

Mientras, lave bien las espinacas y córtelas en tiras de 2 cm. Añádalas a las judías, junto con la salsa de tomate y de cebolla y unas cuantas cucharadas del agua de cocción que ha reservado. Salpimiente y cueza a fuego lento durante 15 minutos más o hasta que todos los sabores se hayan mezclado bien. Si es necesario, añada un poco más del agua de cocción. Sirva caliente.

Para 4 personas

IRÁN

Espinacas y yogur
Bourani-ye esfanaj

450 g de espinacas

1-2 cucharadas de *ghee* o de mantequilla

1 cebolla mediana, picada

¼ de cucharadita de cúrcuma molida

150 g de yogur griego escurrido

sal y pimienta negra recién molida

Este plato clásico se puede servir como acompañamiento o como aperitivo. Se suele preparar para el Yom Kippur y para el sabbat.

—

Lave bien las espinacas y cuézalas en una cazuela a fuego medio sin agua adicional (el agua adherida a las hojas bastará para impedir que se quemen). Escúrralas y presiónelas para eliminar tanta agua como sea posible. Píquelas finas.

Funda la mantequilla en una sartén y sofría la cebolla a fuego medio hasta que esté tierna y empiece a adquirir un tono dorado oscuro. Añada las espinacas y la cúrcuma y remueva bien. Prolongue la cocción a fuego lento durante unos minutos, para que los sabores se mezclen bien, y retire del fuego. Añada el yogur y salpimiente. Refrigérelo bien antes de servirlo.

Para 3-4 personas

ITALIA

Tomates rellenos de arroz y de menta

Pomodori ripiene di riso

6 tomates grandes

150 g de arroz arborio

3 dientes de ajo, picados finos

3 cucharadas de perejil de hoja plana, picado fino

2 cucharadas de menta, picada fina

2 cucharadas de hojas de albahaca troceada

3 cucharadas de aceite de oliva virgen extra

sal y pimienta negra recién molida

Los judíos romanos suelen preparar este plato para el sabbat. Normalmente, los tomates se rellenan con una sencilla mezcla de arroz y hierbas, pero también están deliciosos si se añade al relleno un poco de queso parmesano recién rallado.

—

Corte la parte superior de los tomates y reserve las tapas. Con una cuchara, extraiga la pulpa y el jugo y tritúrelos en la batidora o el robot de cocina. Vierta el puré en un cuenco y añada el arroz, el ajo, el perejil, la menta, la albahaca y el aceite de oliva. Salpimiente y remueva bien. Use una cuchara para rellenar los tomates con la mezcla y tápelos con las tapas que ha reservado.

Disponga los tomates rellenos en fila sobre una fuente de horno bien engrasada con aceite y métalos en un horno precalentado a 190 °C durante 1 hora o hasta que el arroz esté tierno y los tomates conserven la forma. Sírvalos fríos o calientes.

Para 6 personas

Postres

> «No se puede hacer pastel
> de queso con nieve.»
>
> **PROVERBIO YIDDISH**

Los dulces son un símbolo de felicidad y de prosperidad para la mayoría de judíos. Se preparan tartas y pasteles específicos para cada festival, además de para el sabbat, las circuncisiones y otras ocasiones especiales. Los judíos son conocidos por su hospitalidad y en todos los hogares judíos hay siempre una reserva de pasteles, pastas y dulces aguardando a visitantes inesperados.

Las comidas suelen terminar con una variedad de fruta fresca o de compotas, sobre todo en los hogares sefardíes, y los judíos asquenazíes suelen servir *lokshen* (pastel de fideos), *kugel* (pastel de frutas) o strudel, sobre todo en el sabbat.

Aunque el repertorio de pasteles y pastas judías es enorme, para este capítulo he seleccionado pasteles y pastas ligeras fáciles de hacer en casa y varios postres, cremas y mousses a base de fruta.

MARRUECOS, ARGELIA Y TÚNEZ

Bizcocho sefardí

Pan d'Espanya

mantequilla, para engrasar
4 huevos grandes, separados
125 g de azúcar glas
la ralladura (fina) de 1 limón
100 g de harina leudante

Es muy probable que el pan *d'Espanya* llegara al norte de África de manos de judíos sefardíes que huían de la península ibérica. Se sirve en la mayoría de festivales, sobre todo el Purim, el Yom Kippur y, por supuesto, el sabbat. Se prepara con huevos, azúcar y harina, sin grasas ni agua añadida, y se puede aromatizar con vainilla, ralladura de naranja o de limón o agua de azahar. Este bizcocho ligero también constituye la base de muchos otros postres, como el *paille*, una elaborada tarta que se prepara para bodas y bar mitzvás y que está empapada en sirope aromatizado con ron o flor de azahar, tiene capas de fruta fresca o de compota, pasta de almendras y chocolate fundido y está coronada con merengue.

—

Engrase con mantequilla un molde para tartas desmontable de 20 cm de diámetro y espolvoréelo con harina.

Bata las yemas de huevo y el azúcar hasta que adquieran un color pálido y una textura cremosa y añada la ralladura de limón. En otro cuenco, bata las claras de huevo a punto de nieve y añádalas poco a poco a la yema con el azúcar. Ahora agregue gradualmente la harina y remueva hasta que obtenga una masa lisa.

Vierta la masa en el molde que ha preparado y hornéela en un horno precalentado a 200 °C durante 35-40 minutos o hasta que, cuando pinche el centro del bizcocho con un cuchillo, salga limpio. Retire del horno, abra el molde y deje que el bizcocho se enfríe durante 5 minutos. Desmóldelo sobre una rejilla y deje que se enfríe del todo.

Para 6-8 personas

REPÚBLICA CHECA

Tarta de cerezas negras
Visnova bublanina

450 g de cerezas negras

75 g de mantequilla, y un poco más para engrasar

100 g de azúcar glas, y un poco más para espolvorear

3 huevos, separados

150 g de harina de trigo

la ralladura de 1 limón

1 cucharadita de levadura

Esta tarta es deliciosa como postre o como merienda. También es excelente si se prepara con ciruelas o albaricoques en lugar de cerezas.

—

Engrase con mantequilla un molde para tartas cuadrado desmontable y espolvoréelo con harina.

Lave las cerezas y séquelas a toquecitos con un paño. Córtelas por la mitad y deshuéselas.

Bata la mantequilla y el azúcar hasta que queden ligeros y esponjosos. Añada las yemas de huevo una a una y bata bien. Agregue la harina, la ralladura de limón y la levadura. En otro cuenco, bata las claras de huevo a punto de nieve y añádalas a la yema con el azúcar. Ahora, agregue gradualmente la harina y bata hasta que obtenga una masa lisa.

Vierta la masa en el molde que ha preparado y hornéela en un horno precalentado a 190 °C durante 35-40 minutos o hasta que, cuando pinche el centro de la tarta con un cuchillo, salga limpio. Retire del horno, abra el molde y deje que la tarta se enfríe durante 5 minutos. Desmóldela sobre una rejilla y deje que se enfríe del todo. Espolvoréela con azúcar glas justo antes de servir.

Para 6 personas

TÚNEZ

Bizcocho de almendra
Boka di dama

mantequilla, para engrasar
6 huevos, separados
150 g de azúcar glas
200 g de almendras molidas
2 cucharadas de harina de trigo
1 cucharadita de levadura
la ralladura (fina) de 1 naranja
1-2 cucharadas de agua de azahar

Tradicionalmente, este delicioso bizcocho de almendra se sirve para el Purim. La receta llegó a Túnez con los judíos de Livorno, donde se prepara un bizcocho parecido. El nombre *boka di dama* sugiere que es tan delicado que es digno del paladar de una dama.

—

Engrase con mantequilla un molde para tartas desmontable de 23 cm de diámetro y espolvoréelo con harina.

Bata las yemas de huevo y el azúcar hasta que adquieran una textura suave y cremosa. Añada las almendras molidas, la harina, la levadura, la ralladura de naranja y el agua de azahar y bata bien. En otro cuenco, bata las claras de huevo a punto de nieve y añádalas poco a poco a la yema con el azúcar.

Vierta la masa en el molde que ha preparado y hornéela en un horno precalentado a 180 °C durante 45-55 minutos o hasta que, cuando pinche el centro del bizcocho con un cuchillo, salga limpio. Retire del horno, abra el molde y deje que el bizcocho se enfríe durante 5 minutos. Desmóldelo sobre una rejilla y deje que se enfríe del todo.

Para 8 personas

POLONIA

Pastel de miel polaco
Honig leiker

mantequilla, para engrasar
175 g de harina integral de trigo
1 cucharadita de levadura
½ cucharadita de bicarbonato
1 cucharadita de canela molida
una pizca de nuez moscada
una pizca de pimienta de Jamaica
¼ de cucharadita de clavo molido
4 huevos, separados
50 g de azúcar glas
175 g de miel
3 cucharadas de aceite de girasol
2 cucharaditas de café instantáneo, disuelto en 75 ml de agua caliente
40 g de nueces recién cascadas, picadas gruesas
50 g de pasas sultanas (doradas)

El Año Nuevo judío no está completo sin un pastel de miel sobre la mesa. *Leiker* (o *lekakh* o *lekeh*) significa, literalmente «porción» y representa el deseo de que, en el año que comienza, todo el mundo tenga su propia porción abundante. El pastel de miel también se sirve en otras ocasiones festivas, como el Purim, bodas y circuncisiones. En el mundo asquenazí hay múltiples variantes de la receta del pastel de miel: algunas son ligeras y esponjosas y otras están enriquecidas con crema agria. Esta, de Polonia, es más densa, pero tiene un sabor delicioso y está muy buena tanto sola como untada de mantequilla.

—

Engrase con mantequilla un molde para plumcakes de 1,5 l de capacidad y enharínelo.

Tamice la harina, la levadura, el bicarbonato y las especias en un cuenco. En otro, bata las yemas de huevo y el azúcar hasta que adquieran una textura suave y cremosa. Añada la miel, el aceite y el café y bata bien. Agregue la mezcla de ingredientes secos y vuelva a batir. Añada las nueces y las pasas sultanas. En otro cuenco, bata las claras de huevo a punto de nieve e incorpórelas poco a poco a la masa.

Vierta la masa en el molde que ha preparado y hornéela en un horno precalentado a 180 °C durante 1 hora o hasta que, cuando pinche el centro del pastel con un cuchillo, salga limpio. Retire del horno, abra el molde y deje que el pastel se enfríe durante 5 minutos. Desmóldelo sobre una rejilla y deje que se enfríe del todo. Envuélvalo en papel de plata y déjelo reposar durante 1-2 días antes de servirlo.

Para 8-10 personas

AUSTRIA

Tarta de semillas de amapola
Mohntorte

50 g de harina de trigo

1 cucharadita de levadura

4 cucharadas de mantequilla, y un poco más para engrasar

100 g de azúcar glas, y un poco más para espolvorear

4 huevos grandes, separados

¼ de cucharadita de extracto de vainilla

125 g de semillas de amapola

25 g de nueces recién cascadas, molidas en una batidora o un robot de cocina

La *mohntorte* suele ser una tarta contundente y rellena de semillas de amapola y uvas pasas, pero esta versión vienesa es muy ligera. Intente encontrar semillas de amapola de color azul oscuro (la mayoría de tiendas de alimentación saludable y gourmet suelen tenerlas). La *mohntorte* es tradicional en el Purim.

—

Engrase con mantequilla un molde de tarta desmontable de 23 cm de diámetro.

Tamice la harina y la levadura en un cuenco. En otro, bata la mantequilla con todo el azúcar excepto 2 cucharadas, hasta que obtenga una masa suave y esponjosa. Añada las yemas de huevo una a una y bata bien. Agregue el extracto de vainilla, las semillas de amapola y las nueces y vuelva a batir.

En otro cuenco, bata las claras de huevo a punto de nieve, añada el resto del azúcar y siga batiendo para conservar el punto de nieve. Poco a poco, añada esta mezcla a la mezcla con semillas de amapola, alternando con cucharadas del polvo de harina y levadura, hasta que obtenga una masa suave.

Vierta la masa en el molde que ha preparado y hornéela en un horno precalentado a 160 °C durante 40 minutos o hasta que, cuando pinche el centro de la tarta con un cuchillo, salga limpio. Retire del horno, abra el molde y deje que la tarta se enfríe durante 5 minutos. Desmóldela sobre una rejilla y deje que se enfríe del todo. Espolvoree con azúcar justo antes de servir.

Para 6-8 personas

ALEMANIA

Pastel de chocolate y avellanas

Schokolade-haselnusskuchen

mantequilla, para engrasar
azúcar o harina de patata, para espolvorear
150 g de avellanas
1 cucharadita de levadura
125 g de chocolate negro (70 % de cacao), en onzas
5 huevos grandes, separados
1 huevo entero
150 g de azúcar glas

Para la cobertura

125 g de chocolate negro (70% de cacao), en onzas
2 cucharadas de ron o de licor de avellana
3½ cucharadas de mantequilla

Este delicioso pastel sin harina se suele servir durante la Pascua judía y en ocasiones especiales. Se suele glasear con una cobertura de chocolate, pero también está muy bueno sin la cobertura o con nata montada.

—

Engrase con mantequilla un molde para tartas desmontable de 23 cm de diámetro y espolvoréelo con azúcar o con harina de patata.

Disponga las avellanas en una sola capa sobre una bandeja de horno y tuéstelas en un horno precalentado a 160 °C durante 10-12 minutos o hasta que estén ligeramente tostadas. Sacúdalas de vez en cuando, para que se tuesten de manera homogénea. Sáquelas del horno y deje que se enfríen un poco. Suba la temperatura del horno a 180 °C. Triture las avellanas tostadas en un robot de cocina o una batidora hasta que obtenga un polvo fino. Añada la levadura. Funda el chocolate al baño maría y asegúrese de que no entre agua en el recipiente del chocolate.

Bata las yemas de huevo y la mitad del azúcar hasta que adquieran una textura suave y cremosa. Añada el chocolate fundido, remueva bien y agregue las avellanas molidas. En otro cuenco, bata las claras de huevo a punto de nieve y añádalas poco a poco al chocolate.

Vierta la masa en el molde que ha preparado y hornéela durante 40-45 minutos o hasta que, cuando pinche el centro del pastel con un cuchillo, salga limpio. Retire del horno, abra el molde y deje que el pastel se enfríe durante 5 minutos. Desmóldelo sobre una rejilla y deje que se enfríe del todo.

Para la cobertura, funda el chocolate al baño maría y asegúrese de que no entre agua en el recipiente del chocolate. Añada el ron, retire del fuego y agregue la mantequilla poco a poco, sin dejar de batir, hasta que la cobertura quede suave y cremosa. Extiéndala sobre el pastel cuando se haya enfriado, pero antes de que se solidifique.

Para 8 personas

FRANCIA

Tarta de ciruela damascena
Quetschenkuchen

900 de ciruelas damascenas, cortadas por la mitad y deshuesadas

6 cucharadas de azúcar, o al gusto

1 cucharadita de canela molida

azúcar glas, para espolvorear

Para la masa

100 g de harina de trigo

100 g de harina integral de trigo

una pizca de sal

100 g de mantequilla, en dados, y un poco más para engrasar

2 cucharaditas de azúcar glas

2 yemas de huevo

5-6 cucharadas de agua o leche helada

Los judíos de Alsacia suelen preparar tartas con todo tipo de fruta, pero sobre todo con albaricoques, cerezas, arándanos, ciruelas y ciruelas damascenas. A veces, poco antes de terminar la cocción se vierte sobre la tarta un glaseado de huevo batido y unas cucharadas de nata líquida o de leche. Si no encuentra ciruelas damascenas, use otras, pero que sean de color morado. El *quetschenkuchen* se sirve en la tercera comida del sabbat y también en el Yom Kippur.

—

Para la masa, haga con las harinas y la sal un montículo sobre una superficie de trabajo y haga un agujero en el centro. Añada la mantequilla y amase con las yemas de los dedos hasta que la masa recuerde a migas de pan. Agregue el azúcar y las yemas de huevo y rocíe con el agua helada. Trabaje rápidamente con las manos y forme una bola blanda con la masa. Envuélvala en papel de aluminio y refrigérela durante 30 minutos.

Disponga la bola de masa sobre una tabla ligeramente enharinada y amásela brevemente. Estírela con el rodillo hasta darle forma de disco de unos 30 cm de diámetro y 3 mm de grosor. Con cuidado, enrolle la masa sobre el rodillo y desenróllela sobre un molde para tartas de 23-25 cm de diámetro bien engrasado con mantequilla. Ajuste la masa a las esquinas, recorte la que sobre y ondule los bordes con un tenedor. Pinche la base en varios sitios. Cubra la masa con papel de aluminio y llénela de legumbres secas, para impedir que la masa se hinche en el horno. Hornéela en un horno precalentado a 200 ºC durante 8-10 minutos. Cuando esté lista, la masa se debería haber separado ligeramente de los bordes del molde. Sáquela del horno y, con cuidado, extraiga el papel de aluminio y las legumbres.

Disponga las ciruelas sobre la masa en círculos concéntricos, con la parte cortada hacia arriba, y espolvoréelas con el azúcar y la canela. Devuelva la tarta al horno y baje la temperatura a 190 ºC. Hornéela durante 30 minutos o hasta que las ciruelas estén tiernas y la masa se haya dorado. Sírvala caliente, espolvoreada con el azúcar glas.

Para 6-8 personas

AUSTRIA

Strudel de pera y nueces
Birnenstrudel

2-3 hojas grandes de pasta filo fresca o descongelada

2 cucharadas de mantequilla fundida

azúcar glas, para espolvorear

Para el relleno

3-4 peras maduras, pero firmes

3 cucharadas de nueces recién cascadas, molidas finas en una batidora o un robot de cocina

3 cucharadas de pasas sultanas (doradas)

3 cucharadas de azúcar, o al gusto

3 cucharadas de germen de trigo o de migas de pan

1 cucharadita de canela molida

la ralladura (fina) de 1 limón

1 cucharada de mantequilla fundida

Los cocineros judíos empezaron a hacer strudels dulces y salados cuando los turcos introdujeron en la Europa del siglo XVI el arte de elaborar la pasta filo, fina como el papel. Se pueden hacer strudels con cualquier fruta y, sobre todo, con cerezas, albaricoques y ciruelas, aunque mis preferidas son las peras. La pasta filo comercial facilita la elaboración de la tarta y yo suelo usar germen de trigo en lugar de migas de pan, para que el strudel sea ligero y nutritivo.

—

Para el relleno, pele las peras, quíteles el corazón y córtelas en dados. Colóquelas en un cuenco y añada las nueces, las pasas sultanas, el azúcar, el germen de trigo, la canela y la ralladura de limón. Remueva ligeramente y añada la mantequilla fundida.

Cubra la mesa o la superficie de trabajo con un paño limpio. Disponga una hoja de pasta filo sobre el paño y píntela con un poco de mantequilla fundida. Repita con una segunda hoja de pasta. Con una cuchara, disponga el relleno en una larga franja de unos 7,5 cm de longitud a lo largo del lado de pasta más próximo a usted y a aproximadamente 1 cm de distancia de los bordes.

Con cuidado, levante las esquinas del paño más próximas a usted de modo que el strudel se doble sobre sí mismo. Pinte la parte superior con un poco de mantequilla fundida y vuelva a levantar el paño, para que el strudel gire del todo. Vuelva a pintar la cara de arriba con un poco de mantequilla. Levante el paño con el strudel y páselo con cuidado a una bandeja de horno bien engrasada. Vuelva a pintar la parte superior con un poco de mantequilla. Hornee en un horno precalentado a 180 °C durante 30 minutos o hasta que la masa esté crujiente y dorada. Retire la tarta del horno y deje que se enfríe un poco. Sírvala caliente, templada o fría, espolvoreada con azúcar glas.

Para 6 personas

ALEMANIA

Galletitas de frutos secos especiadas

Pfeffernuesse

250 g de harina integral de trigo
½ cucharadita de levadura
¼ de cucharadita de bicarbonato
½ cucharadita de canela molida
½ cucharadita de clavo molido
una pizca de pimienta de Jamaica
½ cucharadita de cardamomo molido
½ cucharadita de pimienta negra recién molida
nuez moscada recién rallada
100 de mantequilla
75 g de azúcar
1 yema de huevo
6 cucharadas de melaza o de miel negra
6 cucharadas de brandy
25 g (3 cucharadas) de almendras sin tostar y no blanqueadas, molidas finas en una batidora o robot de cocina
3 cucharadas de cáscara de naranja confitada, picada fina
la ralladura (fina) de ½ limón
azúcar glas, para espolvorear

Estas galletitas del tamaño de una nuez son tradicionales en el Purim. Son casi como pasteles en miniatura y tienen un sabor maravilloso. Si no encuentra cáscara de naranja confitada, use ralladura.

—

Tamice la harina, la levadura, el bicarbonato y las especias en un cuenco.

Bata la mantequilla y el azúcar hasta que queden ligeros y esponjosos. Añada la yema de huevo y bata bien, antes de añadir la melaza y el brandy. Sin dejar de remover, añada las almendras, la cáscara de naranja confitada y la ralladura de limón. Añada poco a poco la mezcla de harinas y bata hasta que obtenga una masa muy suave.

Con la masa, haga bolitas de unos 2 cm de diámetro y aplástelas ligeramente. Dispóngalas sobre una bandeja de horno bien engrasada y hornéelas en un horno precalentado a 160 °C durante 20 minutos o hasta que se doren. Sáquelas del horno y déjelas enfriar sobre una rejilla. Espolvoree con azúcar glas.

Para unas 48 galletas

GRECIA

Espirales de calabaza

Rodanchas de kalavassa amarilla

12 hojas de pasta filo fresca o descongelada, de unos 30 cm x 18 cm cada una

aceite de oliva virgen extra, para pintar

azúcar glas, para espolvorear

Para el relleno

1 calabaza pequeña, de unos 900 g

1 cucharada de aceite de oliva virgen extra

100 g de azúcar glas

1 cucharadita de canela molida

2 cucharadas de agua de rosas

100 g de nueces recién cascadas, molidas finas en una batidora o robot de cocina

En el pasado, estas deliciosas espirales dulces de Tesalónica se preparaban con pasta filo casera, pero usar la comercial simplifica y acelera la elaboración. El relleno es de calabaza dulce aromatizada con aceite de oliva, nueces, canela y agua de rosas. Las *rodanchas* se suelen servir espolvoreadas con un poco de azúcar glas y son tradicionales en el Purim.

—

Para el relleno, ase la calabaza entera en un horno precalentado a 180 °C durante 30 minutos o hasta que esté tierna. Sáquela del horno y, cuando se haya enfriado lo suficiente para que la pueda manipular, córtela por la mitad y pélela, y retire las fibras blancas y las semillas. Colóquela en un cuenco grande y pásela por un prensapatatas. Añada el aceite de oliva, el azúcar, la canela y al agua de rosas y remueva bien. Incorpore las nueces molidas.

Disponga una hoja de pasta filo sobre un paño limpio, con el lado largo mirando hacia usted, y píntela con un poco de aceite de oliva. Con una cuchara, deposite el relleno en una línea de 1,5 cm de grosor paralela al lado largo de la pasta y justo junto al borde. Pliegue el borde sobre el relleno y enróllelo, formando un churro largo y fino y pintando la masa con aceite a medida que la vaya enrollando. Agarre el churro por un extremo y enrósquelo como si fuera una serpiente, sin apretar y con cuidado para no romper la masa. Repita con el resto de las hojas de pasta y el relleno.

Coloque las espirales en filas sobre una bandeja de horno bien engrasada y píntelas por encima con un poco de aceite. Hornéelas en un horno precalentado a 180 °C durante 15 minutos o hasta que la pasta esté crujiente y dorada. Sáquelas del horno y deje que se enfríen. Cuando estén frías, espolvoréelas con un poco de azúcar glas.

Para 12 espirales

SIRIA

Crema de orejones

Mishmishiya

300 de orejones
1 cucharada de agua de rosas
3 cucharadas de azúcar, o al gusto
200 g de nata espesa o de yogur escurrido
2-3 cucharadas de almendras tostadas troceadas

Este postre, sencillo y elegante, es adecuado tanto para cenas con invitados como para comidas familiares. No es necesario cocinar los orejones: basta con que los cubra con agua hirviendo y los deje en remojo durante una noche. Una vez triturados, endulzados y aromatizados con el agua de rosas, se decoran con un poco de nata espesa y almendras troceadas.

—

Deposite los orejones en un recipiente resistente al calor y cúbralos con agua hirviendo. Tape el recipiente con un plato y deje los orejones en remojo toda la noche.

Escurra los orejones y reserve el agua del remojo. Tritúrelos en una batidora o robot de cocina con el agua de rosas, el azúcar y el agua del remojo necesaria para obtener una crema espesa. Refrigérela bien, repártala en cuencos de cristal individuales y sírvala con un poco de nata espesa y almendras troceadas.

Para 4 personas

ITALIA

Galletitas italianas
Amaretti

100 de almendras molidas
100 g de azúcar glas
1 clara de huevo grande
4-5 gotas de extracto de vainilla
16-18 almendras blanqueadas partidas por la mitad

Estas deliciosas galletitas son crujientes por fuera y blandas y ligeramente pegajosas por dentro. En italiano, su nombre significa «amargas», probablemente porque, originalmente, se preparaban con una combinación de almendras dulces y amargas, que supuestamente intensificaba el sabor. Los judíos italianos las preparan para el Purim y la Pascua.

—

Deposite las almendras molidas y el azúcar en un cuenco y remueva bien. En otro cuenco, bata la clara de huevo a punto de nieve y añádala poco a poco a las almendras, junto al extracto de vainilla, y remueva suavemente hasta que obtenga una pasta firme. Forme bolitas de unos 2,5 cm de diámetro y aplástelas en discos de 3 cm. Coloque media almendra blanqueada sobre cada uno de ellos. Dispóngalos sobre una bandeja de horno cubierta con papel vegetal y deje el espacio suficiente para que las galletas se expandan un poco. Hornéelas en un horno precalentado a 180 °C durante 12-15 minutos o hasta que hayan adquirido un leve color dorado. Sáquelas del horno y deje que se enfríen y se endurezcan.

Para unas 16-18 galletitas

ITALIA

Tarta Jahele de manzana y pera

Torta Jahele

2-3 manzanas ácidas, unos 450 g en total

2-3 peras maduras pero firmes, unos 450 g en total

50 g de azúcar

1 cucharadita de canela molida

50 g de uvas pasas

50 g de almendras crudas, molidas finas en una batidora o robot de cocina

50 g de migas de pan o de germen de trigo

3 cucharadas de mantequilla

4-5 cucharadas de agua caliente

Esta sencilla tarta es perfecta para una comida familiar. Se puede hacer con manzanas, peras o una combinación de ambas. Yo suelo usar germen de trigo en lugar de migas de pan, porque así la tarta es más ligera y saludable. En Italia, cuando la receta incluye los nombres Jahele, Rachele, Sara o Rebecca significa que es de origen judío.

—

Pele las manzanas y las peras, quíteles el corazón y lamínelas. Disponga una capa de láminas de fruta en el fondo de una fuente de horno. Espolvoree con azúcar y canela y luego con uvas pasas y almendras. Cúbralo todo con una delgada capa de migas de pan y trocitos de mantequilla. Repita las capas hasta agotar los ingredientes. La última capa ha de ser de migas de pan y mantequilla. Vierta el agua caliente con mucho cuidado, para no retirar las migas de pan y hornee en un horno precalentado a 180 °C durante 45-55 minutos o hasta que la fruta esté tierna y el pan se haya dorado. Sirva caliente.

Para 4 personas

POLONIA

Buñuelos de matzá asquenazíes

Bubeleh

4 huevos, separados
4 cucharadas de harina de matzá
aceite de oliva, para freír
azúcar glas, para espolvorear

Estos deliciosos buñuelos son tradicionales durante la Pascua judía. Los judíos sefardíes de Túnez preparan *friteches*, **unos buñuelos parecidos, pero empapados en sirope en lugar de espolvoreados con azúcar.**

—

Bata las claras de huevo a punto de nieve. En otro cuenco, bata ligeramente las yemas y mézclelas poco a poco con las claras. Espolvoree por encima la harina de matzá y, con una espátula de silicona, intégrela en el huevo.

Caliente un poco de aceite en una sartén y fría cucharadas colmadas de la masa a fuego medio hasta que los buñuelos estén dorados por ambas caras. Séquelos sobre papel de cocina y sírvalos calientes, espolvoreados con azúcar glas.

Para 4 personas

POLONIA Y LITUANIA

Tortitas rellenas de queso
Kaese Blintzes

2-3 cucharadas de mantequilla o de aceite, para freír

azúcar glas, para espolvorear

crema agria, para servir

Para las tortitas

125 g de harina sin blanquear

una pizca de sal

3 huevos

350 ml de leche o de leche y agua a partes iguales

2 cucharadas de mantequilla fundida

Para el relleno

250 g de requesón o de ricotta

150 g de queso en crema o de mascarpone

3 cucharadas de azúcar, o al gusto

2 yemas de huevo

1 cucharadita de extracto de vainilla

la ralladura (fina) de 1 limón

Los judíos de Europa central y oriental sienten predilección por estas deliciosas tortitas rellenas de queso. El relleno suele consistir en una combinación de requesón y yemas de huevo o de crema agria y un poco de azúcar. Hay quien añade unas cucharadas de uvas pasas. Tradicionalmente, los *blintzes* de queso se sirven para Janucá y la Shavuot, que siempre se celebra con una comida a base de lácteos.

—

Tamice la harina y la sal en un cuenco. Haga un agujero en el centro y vierta los huevos en él. Sin dejar de batir, añada poco a poco la leche y el agua justa (normalmente unas 4-5 cucharadas) para obtener una masa lisa con la consistencia de una crema fina. Por último, agregue la mantequilla fundida y deje reposar durante, al menos, 30 minutos.

Caliente una cucharadita de mantequilla en una sartén de fondo grueso y de un diámetro de 15-17 cm. Cuando esté caliente, añada unas 3 cucharadas de masa. Incline rápidamente la sartén en todas direcciones, para que la masa cubra toda la base homogéneamente. La tortita debe ser muy fina. Cuézala durante 1-2 minutos o hasta que esté bien dorada por una cara. Dele la vuelta y cueza la otra cara durante unos 30 segundos. Reserve la tortita y repita el proceso con el resto de la masa.

Para el relleno, deposite el requesón y el queso en crema, el azúcar, las yemas de huevo, el extracto de vainilla y la ralladura de limón en un cuenco y mezcle bien.

Ponga una cucharada colmada del relleno en la mitad inferior de cada tortita, con la cara más tostada hacia arriba. Pliegue el borde inferior sobre el relleno, luego los lados y enrolle la tortita. Caliente un poco de mantequilla en la misma sartén y fría los blintzes hasta que estén dorados por ambas caras. Espolvoree con azúcar glas y sirva inmediatamente, con crema agria para acompañar.

Para 16 tortitas

ITALIA

Buñuelos de manzana
Fritelle di mele

4 manzanas ácidas
4-5 cucharadas de brandy
aceite de oliva, para freír
azúcar glas, para espolvorear

Para la masa
125 g de harina sin blanquear
una pizca de sal
1 cucharadita de azúcar
1 huevo, separado
1 cucharada de aceite de oliva virgen extra
3 cucharadas de vino blanco seco

Se suelen preparar buñuelos de manzana para la Janucá y el Tu Bishvat, el Festival de los árboles. Si quiere variar, puede hacerlos con otra fruta, como plátanos, fresas, albaricoques o higos.

—

Para la masa, mezcle la harina, la sal y el azúcar en un cuenco y haga un agujero en el centro. Añada la yema de huevo, el aceite de oliva, el vino y 75 ml de agua y mezcle bien. Entonces, añada otros 75 ml de agua y bata bien, hasta obtener una masa suave. Deje reposar durante 30 minutos.

Mientras, pele las manzanas, quíteles el corazón y córtelas en rodajas de unos 5 mm de grosor. Deposítelas en un recipiente poco profundo y vierta el brandy por encima. Deje reposar durante 30 minutos.

Para terminar la masa, en otro cuenco bata a punto de nieve la clara de huevo y añádala poco a poco a la masa. Por tandas, reboce las rodajas de manzana en la masa y fríalas en abundante aceite caliente hasta que estén doradas por ambas caras. Séquelas sobre papel de cocina y sírvalas inmediatamente, espolvoreadas con azúcar.

Para 4-6 personas

ARGELIA

Ensalada de granada

Salade de grenades

4 granadas maduras
2 cucharadas de azúcar, o al gusto
1 cucharada de jugo de limón
3 cucharadas de ron, o al gusto

Esta refrescante ensalada originaria de Constantina, en el noreste de Argelia, se suele servir para celebrar el Año Nuevo o para romper el ayuno del Yom Kippur. Normalmente se deja macerar todo el día, durante el que las granadas sueltan mucho líquido.

—

Corte las granadas en cuartos y saque las semillas con una cuchara. Póngalas en un cuenco de cristal y espolvoréelas con azúcar. Riegue con el jugo de limón y con el ron y remueva con suavidad. Cubra el cuenco y deje macerar la granada en el frigorífico durante un mínimo de 4 horas antes de servirla.

Para 4 personas

POLONIA Y LITUANIA

Compota de ciruelas pasas y vino tinto

Pfloymen kompot

225 g de ciruelas pasas
225 ml de vino tinto
2 cucharadas de azúcar o de miel, o al gusto
½ rama de canela
2-3 clavos

Las compotas de frutas secas son tradicionales durante el sabbat en los hogares de los judíos asquenazíes de Europa oriental. Esta es de ciruelas pasas, pero también se puede hacer con orejones y peras, manzanas o melocotones secos o usando una vaina de vainilla abierta en lugar de las especias.

—

Deposite las ciruelas pasas en un cuenco y cúbralas con 25 ml de agua. Déjelas en remojo durante un mínimo de 2 horas. Transfiéralas a una cazuela y añada el vino, el azúcar y las especias. Lleve a ebullición, tape la cazuela y deje a fuego lento durante 20-25 minutos o hasta que la fruta esté tierna. Retire las especias y refrigere la compota antes de servirla.

Para 4 personas

RUSIA

Kissel de grosellas negras
Kissel

450 g de grosellas negras

3 cucharadas de azúcar, o al gusto

2 cucharadas de arrurruz o de harina de maíz, disueltas en 2-3 cucharadas de agua fría

crema de leche espesa o yogur, para servir

El *kissel* es un puré de frutas espesado con arrurruz, harina de maíz o fécula de patata: la textura puede variar entre la de un puré bastante espeso y la de un sirope fino. Originalmente se preparaba con arándanos o moras rojas, pero ahora se elabora con una amplia variedad de bayas frescas o congeladas. A mí me gusta usar grosellas negras, porque me encanta su sabor, pero las grosellas rojas, las frambuesas, las fresas o los arándanos también son ideales. Se suele servir acompañado de crema de leche o de yogur.

—

Lave las grosellas y retire los tallos. Deposítelas en una cazuela pequeña con el azúcar y 400 ml de agua y lleve a ebullición. Cueza durante 5 minutos o hasta que las grosellas negras estén blandas. Pase las grosellas por un chino, devuelva el puré a la cazuela y caliéntelo hasta que rompa el hervor. Prolongue la cocción a fuego lento y añada poco a poco el arrurruz, sin dejar de remover, hasta que obtenga un jarabe espeso. No deje que hierva.

Reparta el *kissel* en recipientes de vidrio individuales y refrigérelos. Sírvalos acompañados de yogur o de crema.

Para 4 personas

ITALIA

Mousse sefardí de chocolate negro
Scodelline di cioccolata

100 g de chocolate negro (preferiblemente al 70 % de cacao), en onzas

2 cucharadas de café solo fuerte

3 cucharadas de mantequilla sin sal

2-3 cucharadas de ron o de brandy

3 huevos, separados

2 cucharadas de azúcar glas, o al gusto

Aunque el *scodelline* suele ser una natilla de almendras espesa, esta versión de Livorno es un delicado mousse de chocolate aromatizado con ron y café. Cuando se han de comer crudos, siempre es mejor usar huevos orgánicos.

—

Funda al baño maría el chocolate, con el café y la mantequilla. Retire del fuego y deje que se enfríe durante unos minutos antes de añadir el ron. Añada las yemas de huevo, una a una, y remueva bien con una cuchara de madera.

En otro cuenco, bata las claras a punto de nieve y añádalas poco a poco al chocolate.

Reparta el mousse en copas de vidrio individuales y refrigérelo antes de servirlo.

Para 4-6 personas

POLONIA Y LITUANIA

Jaroset asquenazí

Charoseth

2-3 manzanas pequeñas, unos 250 g en total, peladas, sin el corazón, y en trozos pequeños

75 g de nueces recién cascadas, troceadas

1 cucharadita de canela molida, o al gusto

120 ml de vino tinto de postre

El jaroset o jaroses es una pasta de fruta que tradicionalmente se sirve como parte de la comida ritual de la Pascua judía y que simboliza el mortero con el que los esclavos judíos construyeron las pirámides de Egipto. Las recetas varían mucho de un país a otro. En Oriente Medio y en el norte de África se suele preparar con una mezcla de frutas secas o de sirope de dátiles, frutos secos y especias. Los judíos polacos lo preparan con manzanas troceadas, nueces, canela y vino tinto dulce. Las proporciones y la textura exactas varían de una familia a otra. A mí me gusta usar distintas variedades de manzana, como la cox, la pink lady o la jazz. A veces se añaden uvas pasas o un poco de azúcar y miel. El jaroset se suele comer a cucharadas sobre un trocito de matzá.

—

Deposite las manzanas, las nueces y la canela en un cuenco y remueva bien. Añada el vino suficiente para obtener una pasta húmeda. Se conservará hasta 2 días en el frigorífico.

Para unos 300 ml

ARGELIA

Jaroset argelino
Rhailek

225 g de dátiles, deshuesados y troceados

175 ml de vino tinto de postre

50 g de nueces recién cascadas, picadas finas

¼ de cucharadita de canela molida

nuez moscada rallada

En esta receta argelina, el jaroset, o *rhailek*, como suelen llamarlo, consiste en dátiles troceados y cocidos en vino tinto, con nueces troceadas y un toque de canela y de nuez moscada.

—

Deposite los dátiles en una cazuela, añada el vino y cueza a fuego lento durante 7-8 minutos, sin dejar de remover, hasta que adquieran la consistencia de mermelada. Si es necesario, añada un poco más de vino o agua. Retire del fuego y deje que se enfríe. Agregue las nueces y las especias y remueva bien. Se conservará hasta 2 días en el frigorífico.

Para unos 450 ml

GRECIA

Trufas de chocolate y nueces
Karydoglyko

250 ml de nueces recién cascadas, molidas finas en una batidora o robot de cocina

4 cucharadas de chocolate negro, rallado fino

3 cucharadas de miel, o al gusto

2-3 cucharadas de ron o de vino de Marsala

cacao en polvo para rebozar (opcional)

Estas deliciosas bolitas dulces proceden de Volos, una ciudad portuaria griega, y su preparación no podría ser más sencilla: son nueces molidas mezcladas con chocolate rallado, miel y un poco de ron o de vino fortificado, como el de Mavrodafni o el de Marsala. Son tradicionales para la Pascua judía, bodas y otras ocasiones especiales, pero son perfectas con una taza de café griego en cualquier momento del día.

—

Deposite las nueces, el chocolate y la miel en un cuenco y mézclelos bien. Añada el ron que necesite para obtener una pasta lisa y espesa. Forme bolitas de unos 2 cm de diámetro y, si lo desea, rebócelas en el cacao en polvo. Guárdelas en un recipiente hermético en un lugar seco y fresco y se mantendrán hasta 3 semanas.

Para unas 24 trufas

ÍNDICE ALFABÉTICO

ajo: sopa de ajo pied-noir 67
alcachofa
   arroz español 112
   ensalada de sabbat de alcachofa, hinojo y harissa 36
   pastel de alcachofa 177
   tajín de alcachofas y habitas con olivas verdes y jengibre 184
   tallarines con alcachofas 87
   tarta de alcachofas 135
almendras
   bizcocho de almendras 221
   galletitas italianas 234
arroces 110
   arroz al azafrán con uvas pasas y piñones 120
   arroz con ciruelas pasas y canela 123
   arroz con espinacas y zumaque 115
   arroz con habas, tomate y eneldo 126
   arroz español 112
   arroz sefardí con garbanzos, tomate y orégano 118
   col rellena de arroz, garbanzos y uvas pasas 195
   lentejas y arroz con cebolla caramelizada 122
   pimientos rellenos de arroz, piñones y pasas de Corinto 206
   risotto con ocho hierbas 119
   sopa de lentejas y arroz para el Yom Kippur 81
   tomates rellenos de arroz y menta 215

arvejas partidas: sopa asquenazí de arvejas partidas 76
avellanas: pastel de chocolate y avellanas 224

babka de patata y champiñón 154
berenjena
   berenjenas con cebolla, tomate y chiles rojos 189
   berenjenas dulces fritas 187
   berenjenas rellenas 138
   caponata judía 39
   espirales de berenjena sefardíes 136
   fritada de berenjena y queso blanco 179
   rollitos de berenjena rellenos de queso blanco 190
bizcocho sefardí 218
bulgur 111
   ensalada de perejil, tomate y bulgur 52
   pilaf de bulgur con tomate y piñones 114
buñuelos
   buñuelos de manzana 239
   buñuelos de matzá asquenazíes 237

calabacín
   calabacines con cebolla, tomate y harissa 197
   calabacines rellenos con salsa de tomate y granada 144
   gratén de calabacín y tomate 141
   moussaka de calabacín y patata 142

calabacín *(cont.)*
   tortitas de calabacín y cebolla tierna 173

calabaza
   calabaza, cebolla y uvas pasas guisadas con miel y almendras tostadas 210
   espirales de calabaza 230
   sopa de calabaza con yogur y cebollino 75
   ravioli de calabaza con mantequilla y salvia 101
   triángulos de calabaza 155
caponata judía 39
cebada: sopa de setas silvestres y de cebada 71
cebolla
   berenjenas con cebolla, tomate y chiles rojos 189
   calabaza, cebolla y uvas pasas guisadas con miel y almendras tostadas 210
   calabacines con cebolla, tomate y harissa 197
   cebollas amarillas con uvas pasas 204
   cebollitas blancas agridulces 51
   coliflor con cebolla, tomate y comino 198
   ensalada de tomate, cebolla y huevo 55
   huevos revueltos con cebolls 166
   lentejas y arroz con cebolla caramelizada 122
   sopa de cebolla iraní 74
   tallarines con lentejas y cebolla caramelizada 94

cebolla (*cont.*)
    tarta de cebolletas 149
cerezas
    sopa fría de cerezas ácidas 62
    tarta de cerezas negras 219
chocolate
    mousse sefardí de chocolate negro 245
    pastel de chocolate y avellanas 224
    trufas de chocolate y nueces 249
ciruelas pasas
    arroz con ciruelas pasas y canela 123
    compota de ciruelas pasas y vino tinto 242
col
    col rellena de arroz, garbanzos y uvas pasas 195
    col roja agridulce con manzana y bayas de enebro 193
    cuadrados de pasta húngaros con col 90
    sopa rusa de col 65
    strudel de col y nueces 140
coliflor
    coliflor con cebolla, tomate y comino 198
    sopa de coliflor 66
compota de ciruelas pasas y vino tinto 242
croquetas de patata y espinacas 159
cuadrados de pasta húngaros con col 90
cuscús 111
    cuscús con mantequilla y habas 125

cuscús (*cont.*)
    cuscús con siete verduras 127
dátiles: jaroset argelino 247
dumplings de patata rellenos de requesón y cebollino 106

ensaladas
    ensalada de granada 240
    ensalada de naranja y olivas negras 55
    ensalada de patata 57
    ensalada de perejil, tomate y bulgur 52
    ensalada de sabbat de alcachofa, hinojo y harissa 82
    ensalada de tomate, cebolla y huevo 55
    ensaladas de remolacha 40, 43
espinacas
    arroz con espinacas y zumaque 115
    croquetas de patata y espinacas 159
    espinacas y yogur 214
    frittata de espinacas 176
    judías blancas con espinacas y tomates 211
    lasaña verde con setas silvestres 103–104
    ñoquis verdes 105
    ravioli de espinacas y ricotta 98
    espirales de berenjena sefardíes 136

falafel de habas 41
fiestas y festividades 8–13

fritada
    fritada de berenjena y queso blanco 179
    fritada de puerro y patata 180
    frittata de espinacas 176

galletitas italianas 234
garbanzos
    arroz sefardí con garbanzos, tomate y orégano 118
    col rellena de arroz, garbanzos y uvas pasas 195
    hummus con garbanzos enteros y zumaque 45
    keskasoon con garbanzos 97
granada
    calabacines rellenos con salsa de tomate y granada 144
    ensalada de granada 240
gratenes
    gartén de acelga y queso blanco 148
    gratén de calabacín y tomate 141
    gratén de espárragos 186
    gratén de verduras para la Shavuot 160
guisantes
    arroz español 112
    guisantes con chalotas y vino blanco 205

habas
    arroz con habas, tomate y eneldo 70
    cuscús con mantequilla y habas 125

251

habas *(cont.)*
    falafel de habas 41
    sopa de habas norteafricana 70
    tajín de alcachofas y habitas 184
hierbas aromáticas
    risotto con ocho hierbas 119
    tortilla de hierbas 174
hinojo
    ensalada de sabbat de alcachofa, hinojo y harissa 36
    hinojo gratinado 203
hummus 45

jaroset
    jaroset argelino 147
    jaroset asquenazí 247
judías blancas
    judías blancas con espinacas y tomates 211
    judías blancas norteafricanas con salsa picante 192
    sopa de judías blancas con tomates y chile 73
judías verdes
    judías verdes agridulces 187
    judías verdes marinadas 48

kasha 111
    kasha con setas 131
keskasoon con garbanzos 97
kissel de grosellas negras 243
kugel de patata y zanahoria 156

lasaña verde con setas silvestres 103-104
latkes de patata y manzana 141

lentejas *(cont.)*
    lentejas sefardíes estofadas 200
    lentejas y arroz con cebolla caramelizada 122
    sopa de lentejas y arroz para el Yom Kippur 81
    tallarines con lentejas y cebolla caramelizada 94

manzana
    buñuelos de manzana 239
    ensalada de patata con manzana 57
    col roja agridulce con manzana y bayas de enebro 193
    jaroset asquenazí 246
    latkes de patata y manzana 141
minestrone de sabbat 82
moussaka de calabacín y patata 142
mousse sefardí de chocolate negro 245

naranja: ensalada de naranja y olivas negras 55
nueces
    ravioli de espinacas y ricotta con pesto y nueces 98
    strudel de col y nueces 140
    strudel de pera y nueces 227
    tortilla de hierbas con nueces y agracejos 174
    trufas de chocolate y nueces 24

ñoquis verdes 105

orejones: crema de orejones 231

pasta
    espaguetis integrales con puerros, pimientos y tomates cherry 93
    keskasoon con garbanzos 97
    lasaña verde con setas silvestres 103-104
    minestrone de sabbat 82
    tagliolini fríos al estilo judío 96
    tallarines con alcachofas 87
    véase también ravioli; tallarines
pastas
    espirales de calabaza 230
    pastelitos sefardíes de queso y perejil 46
    triángulos de calabaza 155
pasteles
    bizcocho de almendras 221
    bizcocho sefardí 218
    pastel de chocolate y avellanas 224
    pastel de miel polaco 222
    tarta de cerezas negras 219
pasteles salados
    pastel de polenta veneciano 218
    pastel verde de Tesalónica 147
pastelitos sefardíes de queso y perejil 46
patata
    babka de patata y champiñón 154
    croquetas de patata y espinacas 159
    dumplings de patata 106
    ensalada de patata con manzana 57

patata *(cont.)*
- fritada de puerro y patata 180
- kugel de patata y zanahoria 156
- latkes de patata y manzana 141
- moussaka de calabacín y patata 142
- ragú de patatas y olivas verdes 209
- sopa de tomate con patatas y perejil 68
- tortilla de patatas iraní 170

pepino: sopa fría de pepino y yogur con menta fresca 60

pera
- strudel de pera y nueces 227
- tarta Jahele de manzana y pera 235

pilaf de bulgur con tomate y piñones 114

pimiento
- arroz español 112
- compota de pimiento y tomate 54
- espaguetis integrales con puerros, pimientos y tomates cherry 93
- pimientos húngaros guisados 208
- pimientos rellenos de arroz, piñones y pasas de Corinto 206
- pimientos rellenos de queso 153
- pimientos verdes con aceite de argán 49

polenta
- pastel de polenta veneciano 128

polenta *(cont.)*
- polenta rumana 130

puerro
- espaguetis integrales con puerros, pimientos y tomates cherry 93
- fritada de puerro y patata 180
- tapada de puerros 145

queso
- espirales de berenjena sefardíes 136
- fritada de berenjena y queso blanco 179
- gratén de acelgas y queso blanco 148
- gratén de calabacín y tomate 141
- pastel de polenta veneciano 128
- pastel verde de Tesalónica 147
- pastelitos sefardíes de queso y perejil 46
- pimientos rellenos de queso 153
- polenta rumana con queso blanco y crema agria 130
- queso Liptov 44
- ravioli de queso para la Shavuot 100
- rollitos de berenjena rellenos de queso blanco 190
- sopa de coliflor con crema agria y gruyer 66
- tarta de berenjena, tomate y queso fontina 137
- tortitas rellenas de queso 238
- tortillitas de queso 166

queso *(cont.)*
- *véanse también* requesón, ricota

rábano picante: ensalada de remolacha con rábano picante 40

ragú de patata y olivas verdes 209

ravioli
- ravioli de calabaza 101
- ravioli de espinacas y ricota 98
- ravioli de queso para la Shavuot 100

remolacha
- ensaladas de remolacha 40, 43
- sopa asquenazí de remolacha 63

requesón
- dumplings de patata rellenos de requesón y cebollino 106

ricotta
- ñoquis verdes 105
- ravioli de espinacas y ricotta 98

risotto con ocho hierbas 110

semillas de amapola
- tallarines de huevo con semillas de amapola 91
- tarta de semillas de amapola 223

setas
- babka de patata y champiñón 154
- *kasha* con setas 131
- lasaña verde con setas silvestres 103-104
- paprikas de champiñones 201

253

setas *(cont.)*
    sopa de setas silvestres y de cebada 71
    strudel de champiñones 150
sopas 58–83
strudels
    strudel de champiñones 150
    strudel de col y nueces 140
    strudel de pera y nueces 227
tabulé 52
tagliolini fríos al estilo judío 96
tajín de alcachofas y habitas 184
tallarines
    cuadrados de pasta húngaros con col 90
    sopa de ajo pied-noir 67
    tallarines con lentejas y cebolla caramelizada 94
    tallarines de azafrán con tomates y harissa 88
    tallarines de huevo alsacianos 86
    tallarines de huevo con semillas de amapola 91
tapada de puerros 145
tartas
    tarta de alcachofas 135
    tarta de berenjena, tomate y queso fontina 137
    tarta de cebolletas 149
    tarta de ciruela damascena 226
    tarta Jahele de manzana y pera 235
tomate
    arroz con habas, tomate y eneldo 126

tomate *(cont.)*
    arroz sefardí 118
    berenjenas con cebolla, tomate y chiles rojos 189
    calabacines con cebolla, tomate y harissa 197
    calabacines rellenos con salsa de tomate y granada 144
    coliflor con cebolla, tomate y comino 198
    compota de pimiento y tomate 54
    ensalada de perejil, tomate y bulgur 52
    ensalada de tomate, cebolla y huevo 55
    espaguetis integrales con puerros, pimientos y tomates cherry 93
    gratén de calabacín y tomate 141
    huevos cocidos en salsa de tomate y especias 169
    judías blancas con espinacas y tomates 211
    lasaña verde con setas silvestres 130–104
    pastel de polenta veneciano 128
    pilaf de bulgur con tomate y piñones 114
    sopa de judías blancas con tomate y chile 73
    sopa de tomates y perejil 68
    tagliolini fríos al estilo judío 96
    tallarines de azafrán con tomates y harissa 88
    tarta de berenjena, tomate y queso fontina 137

tomate *(cont.)*
    tomates rellenos de arroz y de menta 215
tortitas rellenas de queso 238
tortillas
    tortilla de hierbas con nueces y agracejos 174
    tortilla de patatas iraní 170
    tortilla verde provenzal 181
    tortillitas de queso 166
    tortitas de calabacín y cebolla tierna 173
tzimmes de zanahoria 196

verduras 182–215
    cuscús con siete verduras 127
    gratén de verduras para la Shavuot 160
    sopa argelina de verduras 79
    véanse también entradas individuales

yogur
    espinacas y yogur 214
    sopa de calabaza con yogur y cebollino 75
    sopa fría de pepino y yogur 60

zanahoria
    kugel de patatas y zanahoria 156
    tzimmes de zanahoria 196

RECETAS PARA FESTIVIVIDADES

Sabbat
Ensalada de sabbat de alcachofa, hinojo y harissa 36
Caponata judía 39
Pastelitos sefardíes de queso y perejil 46
Cebollitas blancas agridulces 51
Ensalada de patata con manzana, alcaparras y pepinillos escabechados con eneldo 57
Sopa asquenazí de remolacha 63
Sopa de judías blancas con tomates y chile 73
Minestrone de sabbat 82
Tagliolini fríos al estilo judío 96
Arroz con ciruelas pasas y canela 123
Espirales de berenjena sefardíes 136
Tapada de puerros 145
Pastel verde de Tesalónica 147
Tarta de cebolletas 149
Triángulos de calabaza 155
Kugel de patata y zanahoria 156
Tortilla de patatas iraní 170
Tortitas de calabacín y cebolla tierna 173
Tortilla de hierbas con nueces y agracejos 174
Berenjenas con cebolla, tomate y chiles rojos 189
Judías blancas norteafricanas con salsa picante 192
Pimientos rellenos de arroz, piñones y pasas de Corinto 206
Tomates rellenos de arroz y de menta 215
Bizcocho sefardí 218
Tarta de ciruela damascena 226
Compota de ciruelas pasas y vino tinto 242

Rosh Hashaná
Keskasoon con garbanzos 97
Arroz español 112
Arroz al azafrán con uvas pasas y piñones 120
Cuscús con siete verduras 127
Croquetas de patata y espinacas 159
Tortilla verde provenzal 181
Tzimmes de zanahoria 196
Pastel de miel polaco 222

Yom Kippur
Pastelitos sefardíes de queso y perejil 46
Sopa de lentejas y arroz para el Yom Kippur 81
Espinacas y yogur 214
Bizcocho sefardí 218
Pastel de miel polaco 222
Tarta de ciruela damascena 226
Strudel de pera y nueces 227
Ensalada de granada 240
Compota de ciruelas pasas y vino tinto 242

Sucot
Sopa de habas norteafricana 70
Sopa de setas silvestres y de cebada 71
Sopa de calabaza con yogur y cebollino 75
Strudel de col y nueces 140
Triángulos de calabaza 155
Kugel de patata y zanahoria 156
Col rellena de arroz, garbanzos y uvas pasas 195
Pimientos rellenos de arroz, piñones y pasas de Corinto 206
Judías blancas con espinacas y tomates 211
Strudel de pera y nueces 227
Espirales de calabaza 230

Janucá
Pastelitos sefardíes de queso y perejil 46
Pastelitos de patata rellenos de requesón y cebollino 106
Latkes de patata y manzana 141
Croquetas de patata y espinacas 159
Tortilla de hierbas con nueces y agracejos 174
Espirales de calabaza 230
Tortitas rellenas de queso 238
Buñuelos de manzana 239

Tu Bishvat
Ensalada de naranja y olivas negras 55
Strudel de col y nueces 140
Col roja agridulce con manzana y bayas de enebro 193
Strudel de pera y nueces 227
Buñuelos de manzana 239

Purim
Sopa de habas norteafricana 70
Arroz sefardí con guisantes, tomate y orégano 118
Cuscús con mantequilla y habas 125
Col rellena de arroz, garbanzos y uvas pasas 195
Tzimmes de zanahoria 196
Bizcocho sefardí 218
Bizcocho de almendra 221
Pastel de miel polaco 222
Tarta de semillas de amapola 223
Galletitas de frutos secos especiadas 229
Galletitas italianas 234

Pésaj
Frittata de espinacas con uvas pasas y piñones 176
Fritada de berenjena y queso blanco 179
Fritada de puerro y patata 180
Pastel de chocolate y avellanas 224
Galletitas italianas 234
Buñuelos de matzá asquenazíes 237
Mousse sefardí de chocolate negro 245
Jaroset asquenazí 246
Jaroset argelino 247
Trufas de chocolate y nueces 249

Shavuot
Pastelitos sefardíes de queso y perejil 46
Sopa de acedera 78
Ravioli de espinacas y ricotta con pesto de albahaca y nueces 98
Ravioli de queso para la Shavuot 100
Lentejas y arroz con cebolla caramelizada 122
Gratén de verduras para la Shavuot 160
Tortillitas de queso 166
Fritada de berenjena y queso blanco 179
Hinojo gratinado 203
Tortas rellenas de queso 238

Tish b'Av
Pastelitos sefardíes de queso y perejil 46
Sopa de habas norteafricana 70
Sopa argelina de verduras 79
Lentejas y arroz con cebolla caramelizada 122
Lentejas sefardíes estofadas 200
Buñuelos de manzana 239

La edición original de esta obra ha sido publicada en el Reino Unido en 2017 por Quadrille Publishing, sello editorial de Hardie Grant, con el título
Hazana. Jewish Vegetarian Cooking

Traducción del inglés
Montserrat Asensio Fernández

Copyright © de la edición original, Quadrille Publishing, 2017
Copyright © del texto, Paola Gavin, 2017
Copyright © de las fotografías, Mowie Kay, 2017
Copyright © de las ilustraciones, Liz Catchpole, 2017
Copyright © de la edición española, Cinco Tintas, S.L., 2018
Diagonal, 402 – 08037 Barcelona
www.cincotintas.com

Todos los derechos reservados. Bajo las sanciones establecidas por las leyes, queda rigurosamente prohibida, sin la autorización por escrito de los titulares del copyright, la reproducción total o parcial de esta obra, por cualquier medio o procedimiento mecánico o electrónico, actual o futuro, incluidas las fotocopias y la difusión a través de internet. Queda asimismo prohibido el desarrollo de obras derivadas por alteración, transformación y/o desarrollo de la presente obra.

Impreso en China
Depósito legal: B 9.627-2018
Código IBIC: WBJ

ISBN 978-84-16407-51-4

AGRADECIMIENTOS

En primer lugar, me gustaría agradecer a Diana Henry que escribiera en su blog palabras tan halagüeñas acerca de mis tres libros de cocina anteriores. Es posible que, sin su apoyo, jamás hubiera encontrado a mi agente, Sonia Land, que me ha animado y apoyado muchísimo y que me ha ayudado a encontrar una editorial fantástica.

También me gustaría transmitir un agradecimiento especial a Sarah Lavelle y a Céline Hughes, además de a la diseñadora Vanessa Masci, por haber producido un libro tan bello. También quiero dar las gracias a mi correctora, Alison Cowan, por ser tan rigurosa; a la estilista de alimentos Maud Eden; y a Mowie Kay, por sus maravillosas fotografías.

Por último, quiero agradecer a mis tres hijas, Francesca, Bianca y Seana, todo el amor y el apoyo que me han demostrado mientras he estado investigando y escribiendo este libro.